Margot Käßmann

Wie ist es so im Himmel?

Das Buch

„Was ist Segen?" – „Hat Gott auch Tiere lieb?" – „Warum ist Papa weggegangen?" – „Konnte Jesus zaubern?"
Kinder, vor allem im Grundschulalter, wollen wissen, was es mit dem Himmel auf sich hat und mit dem Zusammenleben auf der Erde, ob es Engel gibt, woher die Liebe kommt, wann das Leben Sinn macht und was das mit dem Tod soll. Und nicht immer ist Eltern klar, wie sie dem kindlichen Wissensdurst begegnen sollen. Fest steht: Ein lapidares „Frag nicht so viel!" taugt nicht als Antwort. Wir werden nicht darum herumkommen, uns selbst zu fragen „Was glaube ich eigentlich?", uns selbst klar zu werden – und dann offen zu antworten.
Dabei hilft auch die bekannte Theologin Margot Käßmann, die in diesem Buch 29 typische Kinderfragen zu Gott und der Welt gesammelt hat und sie mit viel Einfühlungsvermögen beantwortet. Darüber hinaus gibt sie Erwachsenen bei jeder Frage hilfreiche Impulse zum Weiterdenken und fasst am Ende die grundlegenden Gedanken zur religiösen Erziehung kurz zusammen.
Denn Käßmann ist überzeugt: Kinder brauchen Religion. Sie vermittelt ihnen Grundhaltungen, aus denen heraus sie Kraft und Mut zum Leben und auch Solidarität mit anderen lernen können. Dann müssen wir uns für ihre Zukunft keine Sorgen machen.

Die Autorin

Dr. Margot Käßmann ist Deutschlands wohl bekannteste Theologin und hatte 2009/2010 als Ratsvorsitzende der Evangelischen Kirche das höchste Amt der Protestanten hierzulande inne.
Als Mutter von vier inzwischen erwachsenen Töchtern kann sie sich noch gut an die „Warum"-Phase ihrer Kinder und tiefschürfende Glaubensgespräche beim Mittagessen erinnern.

Margot Käßmann

Wie ist es so im Himmel?

Kinder fragen nach Gott und der Welt

FREIBURG · BASEL · WIEN

HERDER spektrum Band 6825

MIX
Papier aus verantwor-
tungsvollen Quellen
FSC® C083411

Neuausgabe 2015

© Verlag Herder GmbH, Freiburg im Breisgau 2006
Alle Rechte vorbehalten
www.herder.de

Umschlaggestaltung: wunderlichundweigand, Stefan Weigand
Umschlagfoto: © Vino Wong, www.vinowong.com

Satz: Rudolf Kempf, Emmendingen
Herstellung: CPI books GmbH, Leck

Printed in Germany

ISBN 978-3-451-06825-6

Inhalt

Einleitung 7

1. Ist Gott durchsichtig? 12
2. Wie hat Gott Zeit, sich um alle Menschen
   zu kümmern? 16
3. Was heißt eigentlich Heiliger Geist? 22
4. Gibt es Engel? 27
5. Hatte Jesus nie Angst? 31
6. Wie konnte Jesus wieder leben,
   er war doch gekreuzigt worden? 35
7. Wie ist es so im Himmel? 39
8. Hat Gott auch Tiere lieb? 45
9. Warum gibt es so gemeine Menschen? 50
10. Wieso gibt Gott die Zehn Gebote? 56
11. Ist Gott in der Kirche? 60
12. Was hat die Kerze mit dem Glauben zu tun? 64
13. Warum gibt es den Tod? 69
14. Ist Jesus Gottes Kind oder Josefs Kind? 74
15. Was ist Segen? 78
16. Warum ist Papa weggegangen? 82
17. Wieso muss man in die Schule? 86
18. Warum haben nicht alle die gleiche Religion? 91
19. Ist die Welt in sieben Tagen entstanden? 95
20. Wird die Welt untergehen? 99
21. Stimmt alles, was in der Bibel steht? 103
22. Warum hat Gott die Menschen geschaffen
    und bei der Sintflut fast alle getötet? 108

23. Gibt es den Himmel und die Hölle? 113
24. Warum feiern wir Nikolaus? 117
25. Warum hört Gott so oft nicht unsere Gebete? 122
26. Konnte Jesus zaubern? 126
27. Warum geben die reichen Menschen
    den armen Menschen nichts ab? 131
28. Warum gibt es Krieg? 135
29. Warum muss man Süßes teilen? 140

**Wie sag ich's meinem Kind? –
Kinder brauchen Religion** 144

Literaturhinweise 158

Einleitung

Kinder stellen die Fragen, die so einfach zu formulieren wir Erwachsenen uns scheuen. Aber letztlich sind es auch unsere Fragen. Es sind die großen, elementaren Fragen nach Gott und Glauben, nach dem richtigen Leben und nach dem Tod, nach Krieg, Schuld, Gerechtigkeit und Glück.

Ich bin überzeugt, Kinder erwarten auf ihre Glaubensfragen nicht nur ein knappes Ja oder Nein. Das wäre auch zu einfach. Wer nach dem Glauben fragt, lässt sich auf ein Gespräch ein, das ist doch auch bei uns Erwachsenen so. Es gibt keine Instanz, die uns endgültige Antworten geben kann, Glauben muss je neu errungen werden – so sehr er auch ein Geschenk ist. Wenn ich nach den existentiellen Dingen des Lebens frage, dann geht es eben um mein ganzes Leben. Kinder stellen diese Fragen mit Leichtigkeit und Ernst zugleich, und wenn wir auf sie eingehen, geht es auch um uns. Diese Fragen ermöglichen Glaubensgedanken und Glaubensgespräche.

Ich möchte Eltern Mut machen zu christlicher Erziehung. Oft habe ich den Eindruck, sie trauen sich nicht recht, auf die Glaubensfragen ihrer Kinder zu antworten, weil sie meinen, ihr Glaube sei nicht gut genug, sie würden sich nicht genug auskennen. Dann wird christliche Erziehung delegiert an vermeintliche Expertinnen und Experten im Kindergarten, Religionsunterricht, Kindergottesdienst oder Konfirmandenunterricht. Das finde ich schade. Vielleicht denken Sie als Eltern, Großeltern oder Paten, Ihre Antworten reichten nicht aus. Dann möchte ich Sie ermutigen: Versuchen Sie es! Kinder erwarten keine perfekten Auskünfte – sie hoffen auf ehrliche Antworten. Und wenn Sie selbst

Zweifel haben, sagen Sie es ruhig. Es geht genauso um Authentizität wie um „Richtigkeit".

Zweifel allein allerdings können Kinder auch überfordern. Wenn Sie etwa sagen können: „Ich vertraue Gott hundertprozentig" oder „Ich bin sicher, dass es Gott gibt, aber ich weiß nicht genau, wie", so hilft das dem Kind ganz bestimmt. Selbst wenn wir nicht alles erklären können, ist doch für die Kinder wichtig zu sehen, dass es hier auch für die Erwachsenen um grundlegende, elementare Fragen geht. Wenn ein Kind fragt und Erwachsene versuchen, eine Antwort zu geben, dann ist das ein Anfang. In Glaubensfragen wird dieses Gespräch miteinander über Jahre andauern. Kleine Kinder fragen anders als große, mit der Zeit treten andere Themen in den Vordergrund. Kleine Kinder brauchen eher kurze und eindeutige Antworten, ältere beginnen tiefer zu schürfen, nachzuhaken. Und Jugendliche können scharf und heftig, skeptisch und fordernd nachfragen. Mit den Antworten, die wir geben, entsteht ein Gesprächsfaden, an den wir immer wieder anknüpfen können.

Auf die Fragen nach dem Leben und dem Glauben geben wir nie die eine Antwort, mit der das Ganze ein für alle Mal beendet ist. Deshalb brauchen solche Fragen auch Zeit. Sie lassen sich nicht zeitlich festlegen, nach dem Motto: Also, heute Abend sprechen wir mal über den Glauben. Sie kommen beim Mittagessen, wenn gerade ein Unglück bekannt wird: Wie kann Gott das zulassen? Oder sie regen sich bei einem Spaziergang: Hat Gott das nun alles geschaffen – oder nicht? Es ist für Eltern wichtig, offen zu sein für diese Fragen und sich Zeit mit den Kindern zu nehmen, um Antworten zu geben oder auch gemeinsam die Antworten im christlichen Glauben zu finden.

Im Vorfeld des Kirchentages haben Kinder aus Niedersachsen rund 10 000 Fragen eingesandt, aus denen fünfhundert gesammelt, gegliedert und in einem Materialheft veröffentlicht wurden.[1]

---

[1] Ist Gott cool? Kleine Menschen stellen große Fragen, KIMMIK-Praxis 40, Haus Kirchlicher Dienste, Hannover.

Hieraus habe ich 29 Fragen ausgewählt, die stellvertretend für viele andere stehen bzw. in vielen Variationen auftauchen. Auf jede Frage folgt zunächst ein Vorschlag, eine direkte Antwort zu formulieren – dabei habe ich mir überlegt: Wie würde ich versuchen zu antworten? Das ist natürlich schwer, ohne ein bestimmtes Kind vor Augen zu haben. Dabei ist mir auch noch einmal deutlich geworden: Es gibt nie *die* Antwort, nur jeweils den Versuch einer Antwort, der immer der Beginn eines Dialogs ist. Es gibt keine perfekten Antworten, es gibt immer nur Annäherungen, ein Ringen um Sprache und die Aneignung des Glaubens.

Angeschlossen an diese eher kurze Antwort ist eine Reflexion der Frage: Was bedeutet die Frage, was heißt das für den eigenen Glauben, wie können Eltern oder Großeltern, Paten oder Freundinnen und Freunde reagieren, wo sind Zusammenhänge? Oft ist es für Kinder sogar leichter, gerade nicht den Eltern religiöse Fragen zu stellen, sondern anderen, die ein bisschen mehr Distanz haben. Es kann aber für die Beziehung zwischen Eltern und Kind auch eine besonders intensive Erfahrung sein, gemeinsam um Antworten zu ringen. Die Erwachsenen aber müssen in jedem Fall für sich selbst eine Position haben, die Frage einordnen können, bereit sein, selbst darüber nachzudenken, damit sie auskunftsfähig sind für das Kind. Wenn das für ein Thema mal nicht der Fall ist, reicht einem Kind auch die Antwort: „Du, das ist eine schwere Frage. Darüber muss ich erst einmal nachdenken." Allerdings wird das Kind dann auch erwarten, dass der oder die Erwachsene wirklich und ehrlich darauf zurückkommt. Wenn Sie nach Hilfestellungen suchen und es um grundsätzliche Fragen geht, kann ich einerseits den Evangelischen Erwachsenenkatechismus[2] empfehlen; oder auch den Katholischen Erwachsenenkatechismus. Zu den einzelnen biblischen Büchern oder biblischen Begriffen ist beispielsweise das Calwer Bibellexikon[3] als Nachschlagewerk sehr hilfreich.

---
[2] Evangelischer Erwachsenenkatechismus, 6. Auflage, Gütersloh 2000; Katholischer Erwachsenenkatechismus, Herder, Freiburg 1995.
[3] Calwer Bibellexikon, Stuttgart 2003.

Am Ende der Antwort steht schließlich jeweils eine Anregung, ein Lied oder Gedicht, und in jedem Fall ist ein Gebet aus einem Buch mit Kindergebeten angefügt.[4] Auch diese Sammlung mit von Kindern selbst formulieren Gebeten hat mich beim Lesen sehr berührt. Sie zeigen, wie tiefgründig Kinder nachdenken. Sie denken selbständig weiter und sind in diesem Sinne selbst Theologen und Theologinnen und nicht nur Objekte von Theologie, denen Glaube vermittelt werden muss. Es gibt darunter Gebete, die schmunzeln lassen, etwa wenn ein Junge im gleichen Atemzug betet, er möge in die vierte Klasse versetzt werden und den Führerschein bestehen. Aber es gibt auch viele, die bedrückend sind, die von Ängsten sprechen, der Furcht vor Krieg, vor Trennung der Eltern, vor Krankheit. 30 Gebete habe ich hier aufgenommen, weil sie einen Einblick geben in das religiöse Nachdenken der Kinder und uns anregen, Kinder zum Beten mit eigenen Worten zu ermutigen.

In den Erläuterungen habe ich mich darum bemüht, biblische Bezüge aufzugreifen. Es ist doch traurig, dass heute alles Mögliche mit Kindern gelesen wird, selten aber die Bibel. Ich kann Ihnen nur Mut machen, sich an das „Buch der Bücher" zu trauen. Die Textstellen sind jeweils angegeben, und eine Lutherbibel oder eine Bibel in Einheitsübersetzung haben Sie sicher zu Hause. Anschaffen würde ich in jedem Fall eine gute Kinderbibel, entweder von Kees de Kort für die ganz Kleinen oder auch Herders Kinderbibel[5]. Dazu ein Gesangbuch, denn die Lieder unserer Väter und Mütter im Glauben geben manchmal Antworten, die sich tief einprägen. An manches Thema lässt sich mit Kindern über das Singen gut eine Annäherung finden. Ich möchte Sie herzlich ermutigen: Singen Sie mit Ihren Kin-

---

[4] Lieber Gott, hör uns mal zu ... Gebete von Kindern – Gebete für Kinder. Gesammelt, mitverfasst und herausgegeben von Albert Wieblitz, Hannover 2003 (vergr.).

[5] Herders Kinderbibel. Text: Ursel Scheffler, Illustrationen: Betina Gotzen-Beek; Die Bibel erzählt und illustriert für Kinder. Text: Erich Jooß, Illustrationen: Ute Thönissen. Herder, Freiburg 2006.

dern. Ja, vielen hat es die Stimme verschlagen. Aber was für ein Verlust, wenn niemand mehr singt! Wagen Sie es, es wirkt ganz wunderbar – es befreit die Seele. Mit Bibel und Gesangbuch ausgerüstet, können Sie fröhlich und offen auf die Fragen der Kinder eingehen. Es lohnt sich! Mit Kindern über Gott und die Welt nachzudenken stärkt unseren eigenen Glauben. Es sind keine Fragen, die sich wie bei Günther Jauch mit der Wahl zwischen A, B, C oder D beantworten lassen. Jeder Mensch hat eine eigene Geschichte mit Gott und dem Glauben. Diese Fragen brauchen vor allem die Bereitschaft, sich einzulassen, und Zeit. Sie brauchen Offenheit – und auch die Klarheit, dass ich selbst nie zu Ende bin mit den Glaubensfragen. Auch die Antworten einer Bischöfin sind nicht *die* richtigen, ein für alle Mal gültigen Antworten, sondern eine Anregung zum Gespräch. Ich bin überzeugt, wir wachsen im Glauben, wenn wir über den Glauben sprechen. Die Fragen der Kinder ermutigen uns auf sehr eindrückliche Weise dazu.

1. Ist Gott durchsichtig?

Niemand hat Gott je ganz und gar gesehen. Aber viele Menschen haben Gott erlebt und gespürt. Das kann ein Sonnenstrahl sein, der mir Mut macht. Oder ein anderer Mensch, der mir weiterhilft. Ein Gedanke, ein Traum und ich weiß – so geht es weiter, das schaffe ich. Da merke ich auf einmal: Gott ist da. Gott begegnet uns auf unterschiedlichste Weise. Jesus hat uns viele Geschichten geschenkt, damit wir Gott besser erkennen. Er hat Gott mit „Abba" angesprochen, das ist das hebräische Wort für „Papa". Deshalb verstehen viele Gott wie einen Vater oder eine Mutter, die dich lieb haben. Mit Gott ist es wie mit der Liebe, du kannst sie manchmal spüren und doch kannst du sie nicht festhalten, nicht ein für alle Mal genau beschreiben. Die Liebe ist auch irgendwie durchsichtig. Gott ist wie die Liebe, denke ich. Oder, wie Martin Luther einmal gesagt hat, wie ein glühender Backofen voller Liebe.

Ja, wie ist Gott? Kann ich Gott spüren? In der Kirchengeschichte gibt es viele Versuche, Gottes Existenz zu beweisen. Das ist und bleibt jedoch unmöglich. Könnten wir Gottes Existenz beweisen, wären Glaube und Zweifel ja hinfällig. Wir können als Christinnen und Christen Gott nur verstehen, wir können ihn erkennen über Jesus Christus. Er hat gesagt: „Ich bin der Weg und die Wahrheit und das Leben" (Johannes 14,6). Ihn haben die Menschen „Gottes Sohn" genannt, weil sie an ihm erkannt haben: so ist Gott. So handelt Gott: Er sieht die kleinen Leute, Vergebung von Schuld ist möglich. Und vor allem: Der Tod hat nicht das letzte Wort.

Wenn ein Kind fragt, ob Gott durchsichtig sei, will es wissen, wie es Gott erkennen, erfahren, wahrnehmen kann. Ich denke, wir können nur auf zweierlei Weise antworten: da ist die Geschichte von Jesus Christus, und da ist unsere Erfahrung, dass wir Gott eben manchmal tatsächlich spüren oder im Handeln anderer Menschen etwas von Gottes Wirklichkeit wahrnehmen. Das Wichtigste im Leben ist für das bloße Auge ja oft unsichtbar. Denken wir an Liebe, Vertrauen, Hoffnung, Trauer: diese Wahrnehmungen sind eher zu spüren als zu sehen. So ist das mit dem Gottvertrauen sicher auch.

Aus diesem Grund würde ich Kindern beispielsweise die Josefsgeschichte auf keinen Fall vorenthalten. An ihr lernen Kinder, was es heißt, von der eigenen Familie verraten zu sein, Gott aber auch in der Fremde da ist. Vielleicht lesen Sie Kapitel 37 im 1. Buch Mose für sich in Ihrer Bibel oder mit Ihrem Kind in der Kinderbibel nach. Sie zeigt, dass Gott erfahrbar ist, gerade, wenn ich mich gottverlassen fühle. Gott begleitet Josef durch den Verrat, im fremden Land und unter Menschen, die es nicht alle gut meinen, und gibt ihm die Chance, sich zu bewähren. Die Geschichte ist mir auch deshalb so wichtig, weil sie zeigt: die Bibel kennt die Menschlichkeit der Menschen allzu gut. Da ist der Vater, der ein Kind besonders verwöhnt. Ein Junge, der maßlos angibt und von seinen Geschwistern deswegen schlimm behandelt wird. Da sind ganz schwere Zeiten – und dann findet alles ein gutes Ende, an dem wohl alle an Erfahrung gewonnen haben. Gott wird in dieser Geschichte erkennbar, aber er bleibt auch „durchsichtig".

Vielleicht können wir so deutlich machen, was Martin Luther meint, wenn er vom „verborgenen Gott" spricht. Wir können Gott nie ganz greifen, in unsere Vorstellungsschachteln und Wahrnehmungsmuster pressen. Das ist es wohl auch, was die Bibel meint, wenn sie uns erinnert, wir sollten uns kein Bild von Gott machen. Greifbar und erkennbar wird Gott in Jesus. Und der hat uns gesagt, dass die Sanftmütigen selig sind und die Friedfertigen und die, die reinen Herzens sind.

Jesus hat uns die Geschichte vom barmherzigen Samariter erzählt und von dem Hirten, der sein verlorenes Schaf sucht, auch die Geschichte vom Vater, der den Sohn mit offenen Armen wieder aufnimmt. Gott ist dann eben wieder doch nicht unsichtbar, nicht durchsichtig, sondern so wie dieser Vater. Das wissen wir über Gott. Immer wieder gibt es Menschen – wie den älteren Bruder in der Geschichte vom verlorenen Sohn oder die ersten Arbeiter im Weinberg bei der Lohnauszahlung, die nicht mehr bekommen als die, die viel kürzer gearbeitet haben –, die meinen, sie würden ungerecht behandelt. Dann fragt Gott im Gleichnis zurück: Seid ihr etwa empört, weil ich gütig bin? Güte, Zuwendung, Vergebung – all das erfahren wir von Gott in den Gleichnissen. Und so gewinnt Gott Konturen, auch wenn es nie ein Bild wird, das fertig gemalt sein wird, in unserem ganzen Leben nicht.

Mir ist wichtig, dass wir Kindern die Gleichnisse erzählen. Was sind das für wunderbare Geschichten, die über zweitausend Jahre hinweg offenbar in allen Kulturen verstehbar sind! Sie entfalten Bilder davon, wie es sich mit dem Himmelreich verhält, sie bringen uns Gott nahe. In den Gleichnissen verstehen wir, dass der Glaube, das Gottvertrauen wichtiger ist als alles andere auf der Welt. Wir begreifen, dass Gott an jedem und jeder einzeln von uns liegt. Gott sucht uns, wir sind ihm wichtig.

Zudem sind die Gleichnisse kurz und knapp, sie passen geradezu zu unseren modernen Lese- und Hörgewohnheiten und einer Radiokultur, in der gesprochene Beiträge selten länger als eineinhalb Minuten sind. In den Gleichnissen erzählt uns Jesus von Gott, das macht sie so bedeutsam. Jesus ist der Mittler. Die Kindergebete aus dem Buch von Albert Wieblitz sprechen fast ausschließlich von Gott. In den Gleichnissen wird Gott klarer greifbar eben durch den Menschen Jesus, der von Gott erzählt, ganz elementar. Das halte ich für entscheidend, um in den christlichen Glauben hineinzuwachsen. Gott ist nicht „irgendwie" und nicht „diffus" und auch nicht „durchsichtig", sondern erkennbar, greifbar, erfahrbar in Jesus.

Herr, mein Gott, wie siehst du aus?
Wie lebst du?
Warum bist du so allein?
Auf all die Fragen gibt es keine Antwort.
Weil du es bist!
Nur gute Dinge verraten nichts. Amen
Wiebke[6]

Welche Frau, die zehn Silbergroschen hat und einen davon verliert, zündet nicht ein Licht an und kehrt das Haus und sucht mit Fleiß, bis sie ihn findet? Und wenn sie ihn gefunden hat, ruft sie ihre Freundinnen und Nachbarinnen und spricht: Freut euch mit mir; denn ich habe meinen Silbergroschen gefunden, den ich verloren hatte. So sage ich euch, wird Freude sein vor den Engeln Gottes über einen Sünder, der Buße tut.
Lukas 15,8ff

---

[6] Dieses und alle folgenden Kindergebete sind dem Buch entnommen: Lieber Gott, hör uns mal zu ... Gebete von Kindern – Gebete für Kinder. Gesammelt, mitverfasst und herausgegeben von Albert Wieblitz, Hannover 2003 (vergr.).

2. Wie hat Gott Zeit, sich um alle Menschen zu kümmern?

Das kann ich mir ehrlich gesagt auch nicht vorstellen! Da gibt es Milliarden Menschen auf der Welt und Milliarden schon vor uns – und Gott sieht sie alle? Einerseits ist das kaum zu glauben. Andererseits heißt es in der Bibel: „Ich habe dich bei deinem Namen gerufen, du bist mein" (Jesaja 43,1). Das heißt ja, Gott sieht dich und mich und alle anderen und kennt uns. Ich denke, Gott kennt tatsächlich alle. Er hat uns Menschen im Blick. Und dann gibt es ja die Taufe: damit vertrauen wir ein Kind Gott an. Der Pastor oder die Pastorin nennt den Namen des Kindes und sagt dann: „Ich taufe dich auf den Namen Gottes des Vaters und des Sohnes und des Heiligen Geistes". Es wird mit seinem Namen ein Kind in der Familie Gottes. Gott kennt dieses Kind, heißt das.

Aber Gott traut den Menschen auch zu, frei zu handeln, er lenkt nicht per Computerprogramm jeden Schritt, den wir gehen. Und manchmal kümmert sich auch jemand an Gottes Stelle um uns. Wenn wir aber gar nicht weiter wissen, können wir uns an Gott wenden. Und vielleicht merkst du, dass du die Kraft hast, mit einer Sache fertig zu werden, eine Lösung zu finden. Oder du bist nicht mehr so traurig. Gott kann nicht alle deine Probleme lösen, aber dir helfen, damit zu leben, einen Weg zu finden.

Die Frage, wie Gott all die vielen Menschen wahrnehmen kann, berührt ja auch uns Erwachsene. Das überschreitet unser Vorstellungsvermögen. Und das müssen wir auch ganz ehrlich sagen. Mir ist dabei sehr wichtig, dass wir im christlichen Glauben hiervon ausgehen: Gott nimmt tatsächlich jeden Menschen einzeln wahr. Das unterscheidet uns von vielen anderen Religionen. Für Christinnen und Christinnen geht es nicht darum, sich irgendwann einmal aufzulösen in ein größeres Ganzes, in ein diffuses Sein; wir sind vielmehr als Person von Gott gekannt, der einzelne Mensch hat Bedeutung im Leben und über den Tod hinaus.

Die Taufe ist daher für ein Kind wie auch für die Eltern sehr bedeutsam. Es wird nun Teil der großen Familie Gottes. Wenn wir Kleinkinder taufen, erinnern wir damit daran, dass Gottes Liebe für uns schon da ist, bevor wir irgendetwas tun oder leisten können. Gott sagt Ja zu uns, zu einem Zeitpunkt, an dem wir das noch gar nicht wissen oder verstehen. Für Kinder ist deshalb die Erinnerung an die Taufe und das Erzählen davon wichtig. Was war das für ein Tag? War es heiß, hat es geregnet? Was hat der Pfarrer, was hat die Pastorin gesagt und gemacht? War das Kind ruhig oder lebhaft? Wer sind die Paten, wer war zur Taufe alles anwesend? Gehen Sie doch einmal mit Ihrem Kind zu einer Tauffeier und erklären Sie ihm: siehst du, so war das damals auch bei dir.

In manchen Gemeinden gibt es auch Tauferinnerungsgottesdienste. Und auch die Taufkerze ist ein schönes Ritual. In unseren Kirchen erhält jedes Kind zur Taufe eine Kerze. Sie kann dann am Tauftag wieder entzündet werden, als Tauferinnerung in der Familie. Sehr schön fand ich, dass bei meiner jüngsten Tochter die Kinder zur Konfirmation ihre Taufkerzen mitbrachten. Da waren einige schon sehr heruntergebrannt. Andere waren noch ganz neu, weil das Kind erst kurz vor der Konfirmation getauft worden war, da Eltern heute immer öfter ihre Kinder nicht als Säuglinge zur Taufe bringen. Sie wollen warten, bis das Kind sich entscheidet. Immer öfter lassen sich heute darum Grundschulkinder taufen, manchmal, wenn ihre Klassenkameraden zur Erstkommunion gehen. Und immer wieder kommt es auch vor, dass sich Erwachsene taufen lassen. Im Vorstellungsgottesdienst der Konfirmandinnen und Konfirmanden wurde bei einer meiner Töchter eine 37-jährige Frau getauft. Und der

Pastor erklärte den Kindern, so wie diese Frau hätten ihre Eltern für sie einst stellvertretend das Ja gesprochen, und sie bestätigen es am Tag der Konfirmation – nunmehr religionsmündig. Das war ein sehr plastisches Lernen und Verstehen.

Mit der Taufe gehören die Patinnen und Paten zu der Gemeinschaft, die für das Kind da ist. Da wird deutlich: Andere Menschen, ja auch die Gemeinde, übernehmen mit Verantwortung für das Kind. Das tut den Eltern gut – und die Kinder haben außer den Eltern noch andere Erwachsene, mit denen sie auf besondere Weise verbunden sind. Ich habe auch oft erlebt, dass es großartig sein kann, wenn Menschen, die aus dem einen oder anderen Grund selbst keine Kinder haben können, die Patenschaft für ein Kind übernehmen. Das Kind findet eine andere erwachsene Person, die es begleitet, der es sich anvertrauen kann. Die Eltern werden gestützt und entlastet. Ein Mann oder eine Frau übernehmen Verantwortung für ein Kind und dürfen sich freuen an dem Miteinander. Es kommt immer öfter vor, dass Menschen in unseren Gemeinden keine Paten mehr finden. Da können wir durchaus dafür werben, dass sich auch Menschen, die sich nicht kennen, durch eine Patenschaft verbinden lassen. Paten können Kindern auf wunderbare Weise Zugang zum christlichen Glauben bieten.

Als Gemeinschaft miteinander verbunden zu sein, heißt auch: wir können nicht alles Gott überlassen, wir sind füreinander da und haben eben auch selbst Verantwortung. In den letzten Jahren ist mir immer wichtiger geworden, deutlich zu machen, dass das Christentum eine Gemeinschaftsreligion ist. Wir kommen zusammen, um Gott zu loben, um zu singen, zu beten, Gottes Wort zu hören. Der Gottesdienst ist wichtig. Es ist traurig, dass ihn so wenige Menschen besuchen. Vielleicht mögen Sie es mit Ihrem Kind ja einmal versuchen. Wenn jemand lange nicht da war, ist der Ablauf vielleicht unbekannt geworden, vielleicht fühlen Sie sich ein bisschen unsicher. Aber niemand muss den Ablauf perfekt mitvollziehen können. Wir können uns ein bisschen an denen orientieren, die wissen, was kommt. Und vorn im Gesangbuch finden Sie in der evangelischen wie in der katholischen Kirche Hinweise zum Ablauf, zur Liturgie. Sie hat eine Bedeutung: Da wird Trauer und Dank vor Gott gebracht in „Kyrie" und „Gloria", da wird ein Psalm gebetet, aus der Bibel, dem Wort Gottes, vorgelesen und in der Predigt ausgelegt, es wird für andere gebetet und das Abendmahl oder die Eucharistie empfangen. Das Abendmahl verbindet uns mit Menschen um die ganze Welt herum und durch alle Zeiten hindurch. Auch wenn wir nicht mit allen Kirchen gemeinsam feiern können, wird in diesem Mahl doch deutlich: wir stehen einzeln vor Gott, aber in einer Gemeinschaft mit Menschen in dieser Kirche, in diesem Gottesdienst und gleichzeitig mit Menschen in allen Ländern der Erde in ihrem Gottesdienst. Und auch in Gemeinschaft mit den Christinnen und Christen, die vor uns gelebt haben und die nach uns leben werden.

Kinder können so erfahren, dass sie eine Heimat, eine Beheimatung haben, die über die eigene Familie hinausgeht. Es gibt einen Ort, an den sie gehören. Sie sind Mitglied in der Familie Gottes. Gott will für sie einstehen, wie auch andere Menschen, die „Schwestern und Brüder" in dieser Familie Gottes. Ich weiß, in vielen Gemeinden ist das nicht so unmittelbar erfahrbar. Aber wir können es neu einüben – es liegt auch an uns, ob wir uns an diese manchmal „fremden Verwandten" erinnern. Indem wir die Menschen neben uns im Gottesdienst begrüßen, indem wir uns bewusst machen: hier saßen schon Jahrhunderte vor uns Menschen und haben miteinander gesungen und gebetet. Es geht beim Gottesdienst gar nicht so sehr um die Kategorie „langweilig" oder „Eventcharakter", sondern um das Aufrechterhalten dieses Zusammenhangs. In einem Kirchenlied heißt es recht lapidar: „Gott loben, das ist unser Amt." Auch Kindergottesdienste können das, Spielgruppen und andere Formen des Zusammenkommens. Zugehörigkeit zur Gemeinschaft ist ein Kennzeichen des Christentums.

Übrigens plädiere ich sehr dafür, getaufte Kinder mitzunehmen zum Abendmahl. Die Taufe ist der Zugang zu dieser Familie und Gemeinschaft, theologisch spricht nichts dagegen, dass getaufte Kinder am Abendmahl teilnehmen dürfen. Sie sollten Ihrem Kind vorher erklären, was wir da tun: In Erinnerung an das letzte Mahl, das Jesus mit seinen Jüngerinnen und Jüngern gefeiert hat, teilen wir Brot und Wein „zu seinem Gedächtnis". Und weil Jesus für uns gestorben ist, sehen wir das wie sein Blut und seinen Leib. Das muss nicht beängstigend wirken, wenn Sie dem Kind erklären, dass Jesus mitten unter uns ist, lebendig, auferstanden, erfahrbar in der Gemeinschaft. Auch auf diese Weise ist Gott bei uns.

Und gleichzeitig haben wir alle auch je einzeln Verantwortung. Wir können nicht einfach unser ganzes Leben Gott in die Schuhe schieben, weder als Kinder noch als Erwachsene. Vor dem Kirchentag hier in Hannover gab es in einer hannoverschen Zeitung eine Woche lang eine kleine Kolumne, in der Hans Werner Dannowski Kinderfragen beantwortete. Er ist der Stadtsuperintendent an der großen Marktkirche, der „Hauptpastor" der Stadt sozusagen, inzwischen im Ruhestand. Fragen und Antworten wurden mit großer Spannung und Aufmerksamkeit verfolgt. An einem Tag fragte die zehnjährige Fiona: „Wenn es Engel gibt – warum verraten sie mir bei Mathe-Arbeiten nie die Lösung?", und Herr Dannowski antwortete: „Mir hat ein Engel einmal gesagt, als ich nicht gut vorbereitet war: Mein Lieber, du bist faul gewesen. Engel sind Boten Gottes, und Gott ist unser Begleiter, aber nicht der Lückenbüßer bei unseren Schludrigkeiten." Ich finde, das hat die Sache gut auf den Punkt gebracht. Und Fiona hat später offenbar gesagt, da hätte Herr Dannowski schon recht, sie hätte für die letzte Mathearbeit nicht genug gelernt ...

Lieber Gott im Himmel,
schenke mir einen Freund, der mich respektieren
kann als einen besten Freund. Denn ich bin so oft
allein und möchte nicht mehr so traurig sein. Ich
möchte spielen, lachen und reden, das wäre für mich
ein Segen. Lieber Gott im Himmel, bitte hilf mir:
Schenke mir einen Freund, der mich mag, so wie ich
bin, damit ich nicht mehr so alleine bin. Amen
Julian

Kind, du bist uns anvertraut. Wozu werden wir dich bringen?
Wenn du deine Wege gehst, wessen Lieder wirst du singen?
Welche Worte wirst du sagen und an welches Ziel dich wagen?
Freunde wollen wir dir sein, sollst des Friedens Brücken bauen.
Denke nicht, du stehst allein; kannst der Macht der Liebe trauen.
Taufen dich in Jesu Namen. Er ist unsre Hoffnung. Amen.
K. F. Barth / G. Grenz / P. Horst

3. Was heißt eigentlich Heiliger Geist?

Manchmal besuchst du ja Freundinnen oder Freunde. Hast du schon mal gespürt, dass du, wenn du in ein fremdes Haus kommst, wahrnimmst, wie das so ist zwischen den Menschen dort? „Da weht ein besonderer Geist", sagen wir dann. Oder denk an den Sport. Da merkst du auch, ob es um einen Geist von Fairness und Rücksichtnahme geht oder einfach nur ums Durchsetzen. Welcher Geist herrscht in deiner Schule, kannst du dazu etwas sagen?

Ich glaube, der Heilige Geist ist das, was spürbar ist zwischen Menschen und auch zwischen Menschen und Gott. Hast du schon einmal die Pfingstgeschichte in der Bibel nachgelesen? In der Apostelgeschichte im 2. Kapitel ist das sehr schön beschrieben von Lukas. Erst waren die Jüngerinnen und Jünger ängstlich, sie wussten nicht, was nach dem Tod Jesu passieren würde. Dann haben sie verstanden: Der Tod war gar nicht das Ende von Jesus, sondern er ist auferstanden, er ist der Christus, er ist sozusagen unser Herr, der auch heute noch lebt.

Die Frage war dann aber: Wie soll das denn spürbar werden, wie sollen wir das begreifen? „Ausgießung des Heiligen Geistes" nennen wir in der Kirche das, was die Jüngerinnen und Jünger am Pfingsttag gespürt haben. Auf einmal hatten sie keine Angst mehr. Sie hatten Mut, darüber zu reden, was sie glauben. Und das Wunder war im Grunde, dass andere das auch verstanden haben. Der Heilige Geist macht klar: Gott ist mitten unter uns. Der Heilige Geist ist erkennbar, wenn Menschen den Mut bekommen, in ihrem Glauben zu handeln. Vielleicht hast du auch schon einmal gespürt, dass plötzlich die Angst vorbei ist, dass du merkst: Der liebe Gott hält mich ja fest. Oder du erfährst durch einen anderen Menschen, dass da Liebe ist, die mich hält. Dann wirkt der Heilige Geist. Das ist etwas völlig anderes als ein Gespenst! Gespenster machen Angst, der Heilige Geist macht Mut. Das ist die Beziehung Gottes zu uns, das ist die Liebe, die spürbar wird, wenn Menschen Kraft und Hoffnung schöpfen.

Die Trinitätslehre ist sicher bis heute auch für Christinnen und Christen schwer nachzuvollziehen. Immer wieder wird aus anderen Religionen angefragt, ob wir da nicht drei verschiedene Götter anbeten: Gott Vater, Sohn und Heiliger Geist. Insofern ist das eine hoch brisante Frage!

Vielleicht können wir so sagen: Es gibt nur einen Gott. Der hat die Welt geschaffen, ist das eine große Wesen, die Urkraft, die hinter allem steht. Wir verstehen Gott nur konkret, wenn wir uns das Leben von Jesus ansehen. Er hat gezeigt, wie Gott auf Menschen zugeht, wie Gott Menschen liebt. Und in ihm ist deutlich geworden: Gott ist viel größer und weiter als der Tod, als das Leben, das wir erkennen. Erfahrbar wird Gott für uns in Beziehung, indem wir Gottes Zuwendung spüren. Das wirkt Gottes Heiliger Geist. Gott ist kein monolithisches Wesen, keine Statue, sondern Gott ist ein Beziehungswesen, schon in sich selbst. Und Gott sucht Beziehung zu den Menschen. Wo wir stark werden im Glauben, wo wir Mut finden im Leben und im Glauben, da wirkt der Geist, der zu Gott gehört.

Mit Heiligen haben die Evangelischen es ja nicht so sehr. Aber von großen Vorbildern im Glauben zu erzählen, etwa von Hildegard von Bingen oder von Dietrich Bonhoeffer, das kann für Kinder schon sehr ermutigend sein. Den Mut, für ihren Glauben und ihre Überzeugungen einzustehen und entsprechend zu leben, haben sie durch den Heiligen Geist bekommen, so kann ich das erklären. Der Heilige Geist ist die spürbare, erfahrbare Nähe Gottes. Heilig ist das, was ganz und gar zu Gott gehört. Als Christinnen und Christen sind wir Heilige, eine Gemeinschaft von Heiligen, nicht, weil wir so besonders toll leben, sondern weil wir uns Gott anvertrauen.

Die sinnliche Wahrnehmung des Glaubens, die Spiritualität wird uns in unserer Zeit immer wichtiger. Und sie meint ja gerade die Erfahrbarkeit des Glaubens, die eben nicht nur für Kinder, sondern auch für Erwachsene so viel Bedeutung hat. Ob Sie mit Ihrem Kind einmal auf einen Pilgerweg gehen? Es gibt ganz viele auch in unserem Land. Zwischen Volkenroda und Loccum ist ein solcher beispielsweise entstanden. Einen solchen Weg zu machen, kann eine tiefe Erfahrung sein. Aber auch über Musik, Meditation und vor allen Dingen Stille kann ein Kind, wie ein Erwachsener, diese Erfahrbarkeit des Glaubens neu entdecken. Einübung in die Stille – das kann ein wunderbarer Zugang sein. Aber auch in der Natur, in der Schöpfung ist der Heilige Geist wahrzunehmen: ihre Lebendigkeit, ihre Schönheit, ihr Zusammenwirken zeigen: Gott ist nicht fern, sondern Gott ist gegenwärtig – vielleicht ist das die zentrale Bedeutung des Heiligen Geistes. Wes Geistes Kind jemand ist, das können Kinder ebenso wie Erwachsene sehr schnell erkennen.

Wenn Sie sich mit Ihrem Kind auf die Spuren des Heiligen Geistes begeben wollen, können Sie vielleicht damit beginnen, Pfingsten ganz besonders zu feiern. An vielen Orten gibt es besondere Gottesdienste, auch Gottesdienste mit Kindern, oft im Freien. Die ganze Vielfalt des Glaubens, die Freiheit, die Zuwendung Gottes in Farben und Tönen, ist dann zu spüren. „Schmückt das Fest mit Maien, lasset Blumen streuen" ist ein Lied (EG 135), das wir dann singen. Ein Pfingstspaziergang könnte in dieser wunderbaren Frühsommerzeit dazu gehören, das Pflücken von einem Blumenstrauß, das Staunen über die Schöpfung. Es ist gut, den Glauben mit allen Sinnen wahrzunehmen. Gerade wenn wir den Schöpfer preisen mit Blick auf die Wunder der Natur, wird sichtbar, wie Gottes Geist wirkt. Gottes Geist will uns trösten und ermutigen, erfreuen und stärken. Wo das im Glauben geschieht, wissen wir, wes Geistes Kind wir sind. Ja, Gott ist kreativ, will Beziehung und Veränderung.

Es gibt ein ganz altes Loblied über die Natur, ein staunendes Wahrnehmen der großen und der kleinen Dinge, Psalm 104, der geradezu sagen kann, dass Gott die Natur erschaffen hat, um zu spielen. Der Heilige Geist ist vielleicht auch die spielerische Seite Gottes.

Wichtig ist mir für Kinder, Gottes Geist von Gespenstern oder Spukgeistern zu unterscheiden. Gerade mit dem in Mode gekommenen Halloweenkult haben Gespenster ja wieder Saison. Hier wird Angst und Schrecken, Horror und Furcht verbreitet. Wo Gottes Geist wirkt, entsteht Vertrauen und Liebe, Zuversicht und Glaube, Ermutigung. Daran können wir ihn erkennen. Die „Geister unterscheiden" ist schon in der Bibel eine wichtige Angelegenheit. Ein Unterscheidungskriterium ist immer wieder, ob etwas dem Aufbau dient oder der Zerstörung, ob ein Geist Menschen also erschrecken und klein machen will oder als Gottes Geist Menschen stärkt. Kinder verstehen sehr gut, was damit gemeint ist, davon bin ich überzeugt.

Lieber Gott,
du hast alles gemacht:
die Sonne, den Mond, den Tag und die Nacht,
den Himmel, die Erde, das Wasser, den Schnee,
die Tiere am Land und die Fische im See,
ein Kleid für die Erde: grün, gelb, blau und rot,
die Blumen, die Wälder, wir freuen uns, Gott!
Anette

Herr, wie sind deine Werke so groß und so viel!
Du hast sie alle weise geordnet
Und die Erde ist voll deiner Güter.
Da ist das Meer, das so groß und weit ist,
da wimmelt's ohne Zahl, große und kleine Tiere.
Dort ziehen Schiffe dahin;

Da sind große Fische, die du gemacht hast, damit zu spielen.
Es warten alle auf dich, dass du ihnen Speise gebest
zur rechten Zeit.
aus Psalm 104

4. Gibt es Engel?

Ja, ich bin überzeugt, dass es Engel gibt. Die Bibel erzählt an ganz vielen Stellen davon. Erinnerst du dich? Maria wird vom Engel Gabriel gesagt, dass sie schwanger ist. Die Hirten auf dem Feld erfahren durch einen Engel, dass das Kind geboren ist. In einem Psalm heißt es besonders schön: „Er hat seinen Engeln befohlen, dass sie dich behüten auf allen deinen Wegen" (Psalm 91,11).

Dabei ist wichtig: Wir können nicht ganz genau sagen, wie Engel wirken und was Engel sind. Manchmal spürst du vielleicht, dass du plötzlich neue Kraft gewinnst. Oder dass du nicht mehr traurig bist. Vielleicht begegnest du einem Menschen, der dir Mut zuspricht. „Es müssen nicht Männer mit Flügeln sein" hat einmal jemand gedichtet. Ich denke auch, dass es Schutzengel gibt, die Kindern zur Seite stehen wollen. Und wenn es dann trotzdem Angst und Schmerz für Kinder gibt, dann wollen die Engel dir helfen, das zu bewältigen.

Vermutlich wünscht sich jedes Kind einen Schutzengel. Kinder haben gerade in einer Welt, die von einer Vielzahl von Medien und jeder Menge schlechter Nachrichten geprägt ist, in denen auch viel von Grausamkeit gegen Kinder die Rede ist, tief sitzende Ängste. Und da wünschen sie sich manchmal einen, der ihnen als großer Freund oder große Freundin den Rücken stärkt, sie hält und beschützt, gerade da, wo die Eltern das nicht können. Oder wenn sie meinen, sich den Eltern nicht anvertrauen zu können. Deshalb würde ich das Thema Engel sehr ernst nehmen und mit großer Zuversicht vermitteln.

Engel stehen für die Fürsorge, den Schutz und die Zuwendung Gottes. Schutzengel haben ja auch eine große Bedeutung, weil viele Kinder Furcht haben vor den unterschiedlichsten Dingen, die uns Erwachsenen oft gar nicht klar sind. Dass dich jemand schützen will, ist ein wichtiges Gefühl. Und es führt zur Dankbarkeit, wenn ich die Erfahrung mache, da wurde ich geschützt, da wurde ich bewahrt. Dass Kinder lernen, Gott auch zu danken, ist wichtig für ihre ganze Lebenshaltung. Ich meine, wir sollten deutlich sagen: Engel können nicht vor allem schützen, aber sie sind auch eine Art Mittler zwischen dieser und der anderen Welt. Wunderbar erzählt das Jostein Gaarder in seinem Buch „Durch einen Spiegel, in einem dunklen Wort". Cecilie, ein Mädchen, das sterbenskrank ist und sein letztes Weihnachtsfest erlebt, vertraut sich dem Engel Ariel an. Er nimmt sie mit auf ihrer Reise durch das Sterben, fliegt mit ihr davon auf die andere Seite des Spiegels. Mit älteren Kindern lässt sich das sicher gut lesen. Aber auch für Eltern kann die Lektüre tief bewegend sein.

Wir dürfen Kindern nichts vormachen, Gott ist kein Mechanismus, der plötzlich alles Schlimme und Böse ausradieren kann. Allzu schlichte Beschwichtigungen helfen Kindern nicht wirklich. Aber zu erklären, es gibt Engel, die dir zusagen: „Fürchte dich nicht", das können wir biblisch gut begründen. Das sagt der Engel im Lukasevangelium zu Maria, als er die Geburt ihres Sohnes ankündigt, und den Hirten auf dem Feld, als er von der Geburt Jesu erzählt. Das sagt der Engel auch, als die Frauen das leere Grab vorfinden. Engel sind Zeichen der Nähe Gottes, sie sind Boten, die uns sagen wollen: Du bist nicht allein. Insofern können Engel das Gottvertrauen in Kindern stärken.

Nun gibt es unendlich viele Geschichten über Engel, Engelbücher[7], Engeldarstellungen. Ich finde es immer gut, mit den Kindern zur Bibel selbst zurückzugehen. Das ist ja schließlich *das* zentrale Buch über Gott. Und da gibt es wunderbare Engel-

---

[7] Vgl. z.B. Anselm Grün, 50 Engel für das Jahr, Freiburg 2002.

geschichten, nicht nur im Lukasevangelium, auch beispielsweise in der Geschichte des Propheten Elia (1. Könige 19,3ff.). Elia kann nicht mehr weiter, er ist erschöpft, hat Angst und will sterben. Er legt sich unter einen Wacholderbaum und schläft ein. Da kommt ein Engel und bringt ihm zweimal Brot und Wasser und sagt: „Steh auf und iss! Denn du hast einen weitern Weg vor dir." So können Engel eben auch sein. Sie beschützen, sagen oder machen deutlich, was Gott erwartet oder vorhat, sie geben Kraft und Mut, trösten uns und richten auf.

Diese Eigenschaften der Engel sind auch auf vielen Altären dargestellt. Da sind einerseits die Engel, die Gott loben, die das Halleluja singen. Aber auch die Engel, die sich Jesus zuwenden oder den Menschen verkünden, was Gottes Botschaft für sie ist. Es kann sehr spannend sein, mit Kindern unterschiedliche Engeldarstellungen zu entdecken, in Kirchen, auf Bildern aus der Kunstgeschichte (auch der neueren), auf Altären. Es gibt zum Beispiel sehr bewegende Engelzeichnungen von Paul Klee. Und dann können wir miteinander überlegen: Was hat sich der Künstler oder die Künstlerin unter dem Engel vorgestellt, welche Aufgabe wird dem Engel zugeschrieben? Und warum gibt es so unendlich viele Vorstellungen von Engeln? Wie stellst du dir Engel vor? Hast du schon einmal einen Engel erlebt? Damit kann das Gespräch beginnen ...

Ich würde einem Kind immer Mut machen, an Engel zu glauben. Vielleicht schenken Sie ihm einen Engel aus Holz oder Porzellan, für die Wand oder das Fensterbrett, der einen Platz im eigenen Zimmer hat. Nein, Magie sollten wir mit Engeln nicht verbinden. Schutzengel können auch nicht einfach wieder alles auffangen, wenn z. B. jemand im Straßenverkehr nicht aufpasst. Aber es ist gut, das Zutrauen zu stärken: ein Engel ist für dich da. Gott will ja bei dir sein. An Engel zu glauben, ist für Kinder wichtig; aber Engel können Gott nicht ersetzen – wir beten nicht zu Engeln, sondern zu Gott. Martin Luther hat das in seinem Morgen- und Abendsegen so formuliert: „Dein heiliger Engel sei mit mir, dass der böse Feind keine Macht an mir finde." Das macht sehr gut klar, wie der Zusammenhang ist. Gott wird durch Engel nicht ersetzt, sondern Engel vermitteln die Gegenwart Gottes, sie eröffnen uns die Erfahrung: Gott ist da. Ja, sie sind Botinnen und Boten Gottes.

Lieber Gott, danke für diesen schönen Tag.
Stell die Engel vor mein Bett.
Und hilf, dass Papa die große Schulküche verkauft.
Mache auch, dass morgen schönes Wetter ist.
Amen.

Vierzehn Englein bei mir steh'n.
zwei zu meiner rechten,
zwei zu meiner linken,
zwei zu meinem Haupte,
zwei zu meinen Füßen,
zwei die mich decken,
zwei die mich wecken,
zwei die mich führen in das himmlische Paradies.
Trad.

5. Hatte Jesus nie Angst?

Doch, ich bin überzeugt, dass Jesus auch Angst hatte. Jesus war ja einmal genauso ein Kind wie du. Da hatte er wahrscheinlich Angst, das erste Mal über eine Brücke zu laufen. Oder allein in die Synagoge zu gehen. Oder vielleicht auch, von anderen gehänselt zu werden.

Und später, als Jesus ein Mann war, hatte er auch Angst vor dem Tod. Er hat im Garten Gethsemane zu Gott gebetet, dass, wenn es irgendwie möglich wäre, er doch nicht sterben wolle. In all seiner Angst hat Jesus aber immer auch Gottvertrauen gehabt. Wenn er Angst hatte, hat er eben mit Gott gesprochen und hat ihn um Hilfe gebeten. Damals, bevor er verhaftet wurde, hat er gebetet: „Vater, willst du, so nimm diesen Kelch von mir; doch nicht mein, sondern dein Wille geschehe" (Lukas 22,42). Da kann man nachlesen, dass er ganz heftig gebetet hat und sogar geschwitzt hat, ich vermute, wohl aus Angst vor dem, was da kommen würde. Und er er dann die Kraft gefunden, sein Leiden durchzustehen, trotz seiner eigenen Angst Mut zu haben.

Angst: das ist eine Sache, die für viele Kinder ungeheuer wichtig ist. Es gibt so vieles, was Angst machen kann. Unheimliches, das sie sehen oder hören und vielleicht nicht verstehen, Angst vor der neuen Schule, vor streitenden Eltern, Angst auch vor anderen Kindern, die hänseln oder gar prügeln. Ich denke, es ist wichtig, Kindern zu sagen, dass Angst normal ist, sie müssen sich dafür nicht schämen. Es gibt keinen Menschen ohne Angst. Manche tun nur so, weil sie angeben wollen. Angst ist keine Schwäche, sie gehört zum Menschsein. Und ein Mensch kann auch stark genug werden, um sich von der Angst nicht lähmen zu lassen. Die Geschichte von Jesus in Gethsemane zeigt das sehr schön, finde ich.

Angst vor dem Unbekannten zu haben, das zeigt ja auch eine gewisse natürliche Vorsicht. Angst kann auch ganz gesund sein, weil sie mich davor behütet, mich, ohne nachzudenken, selbst in Gefahr zu begeben. Aber Angst kann auch grausam sein, vor allen Dingen, wenn ich niemanden habe, mit dem ich über diese Angst reden kann. Wenn Angst nicht ernst genommen wird, wenn über ängstliche Kinder gelacht wird, ist das furchtbar verletzend. Kinder dürfen mit ihrer Angst nicht allein bleiben.

Ich weiß, dass es Ängste gibt, über die Kinder auch mit den Eltern nicht reden wollen. Vielleicht ist es ihnen peinlich, vielleicht ist die Angst zu groß und der Anlass scheinbar zu klein. Angst vor dem Dunkeln etwa, obwohl ich schon acht Jahre alt bin. Angst vor der Schule, weil dort einige über mich lachen. Am besten ist es, wenn ein Kind einen Menschen hat, Vater oder Mutter, Großmutter oder Großvater, Onkel, Tanten, Schwestern, Brüder, Freundinnen oder Freunde, zu denen es mit seiner Angst kommen kann, die es halten und bergen. Ich meine, wenn ein Kind Angst hat, ist es wohl das Wichtigste, es erst einmal in den Arm zu nehmen und zu wiegen. Der Angst ist nicht durch gute Argumente beizukommen. Und wir sollten Ängste auf keinen Fall klein reden oder abwiegeln. Kleine Ängste können ungeheuer groß sein für Kinder. Wie für uns Erwachsene ja auch. Manchmal gehört ein gutes Stück Geduld dazu, Ängste abzubauen, das weiß ich noch sehr genau. Ein „Stell dich nicht so an" oder „Davor musst du aber keine Angst haben" hilft nicht weiter.

Wichtig ist zu sagen: Du kannst über deine Angst sprechen. Angst gehört zum Leben. Ich kann dir auch davon erzählen, wie ich selbst einmal Angst oder auch Heimweh hatte und damit fertig geworden bin. Und wenn du nicht mit mir sprechen kannst, dann doch auf jeden Fall mit Gott. Deshalb liegt mir auch so daran, dass Kinder nicht nur beten lernen, sondern eben auch einige Gebete auswendig wissen. Psalm 23 ist für mich ein bewegendes Beispiel dafür, wie uralte Worte Menschen trösten und stärken, auch in unserer Zeit. Psalm 23 beten zu können, das kann einem Kind Kraft geben in der Angst. Und es vermittelt die Botschaft: Du kannst mit der Angst fertig werden. Das können Sie mit Ihren Kindern auch einüben, manchmal allerdings braucht es viele sehr kleine Schritte dazu ...

Gut ist zu wissen: Jesus war nicht wie so ein Filmheld, dem niemand etwas anhaben konnte, er war nicht total abgehoben, nicht allen Niederungen unserer Ängstlichkeiten enthoben, sondern ein Mensch wie du und ich mit Fragen und Ängsten. Er hat seine Angst aussprechen können. Und gerade dadurch hat er den Mut und die Stärke gefunden, seinen Lebensweg zu gehen. Oder denken wir an die Jüngerinnen und Jünger. Das waren auch keine Übermenschen. Petrus hat Jesus nach seiner Verhaftung dreimal verleugnet, weil er Angst hatte, die anderen könnten entdecken, dass er zu ihm gehört und ihn dann auch gefangen nehmen. Jesus sagt ihnen „Fürchtet euch nicht!", eben weil sie sich gefürchtet haben. Und gerade solchen Angsthasen traut Gott zu, seine gute Botschaft in die ganze Welt zu tragen. Wenn das nicht ermutigend ist!

Gerade wer nicht so rumprotzt oder cool tut, wer die eigenen Schwächen kennt, wer weiß, dass er auf Gott angewiesen ist, ist ein wirklich starker Mensch. Nicht, weil einer sich mächtig durchsetzen kann oder die besseren Noten hat oder die teureren Klamotten, ist er etwas Besonderes. Weil wir von Gott angesehen werden, sind wir angesehene Menschen.

Vielleicht ist es im Zusammenhang mit Angst für ein Kind auch besonders schön, die Geschichte vom kleinen David und vom großen Goliath zu lesen. Sie steht in der Bibel im 1. Samuelbuch Kapitel 10. Goliath ist genau so ein Monster, wie es Kindern Angst bereitet. Und David, dieser kleine Kerl, wagt es, sich mit ihm anzulegen. Ich denke, das ist eine Urgeschichte darüber, dass ein Mensch auch ohne Muskelpakete und Schwert listig und überlegen sein kann. Eine Geschichte, die über die

Jahrtausende hinweg auch heute tröstet und Mut macht, wenn Kinder Angst haben.

> *Gott,*
> *ich habe Angst, wenn ich allein bin,*
> *wenn keiner zu mir hält und alles um mich herum dunkel ist.*
> *Wenn meine Eltern sich streiten, habe ich Angst,*
> *sie zu verlieren.*
> *Ich fürchte mich auch, dass ihnen etwas passieren könnte.*
> *Nachmittags gehen wir oft zum Haustierfriedhof in Sophies Garten*
> *und sind traurig, weil da unser Vogel Sternchen liegt.*
> *Zum Glück hilfst du uns, die Angst zu vertreiben.*
> *Wir wissen, dass wir mit unsern Sorgen immer zu dir kommen können. Amen.*

Der Herr ist mein Hirte, mir wird nichts mangeln.
Er weidet mich auf einer grünen Aue
Und führet mich zum frischen Wasser.
Er erquicket meine Seele.
Er führet mich auf rechter Straße um seines Namens willen.
Und ob ich schon wanderte im finstern Tal,
fürchte ich kein Unglück;
denn du bist bei mir,
dein Stecken und Stab trösten mich.
Du bereitest vor mir einen Tisch im Angesicht meiner Feinde.
Du salbest mein Haupt mit Öl und schenkest mir voll ein.
Gutes und Barmherzigkeit werden mir folgen mein Leben lang,
und ich werde bleiben im Hause des Herrn immerdar.
Psalm 23

6. Wie konnte Jesus wieder leben, er war doch gekreuzigt worden?

Ja, Jesus ist gestorben. Das war für die Menschen, die ihn lieb hatten, eine ganz schreckliche Erfahrung. Sie hatten ja geglaubt, dass er der Sohn Gottes sei, ein ganz besonderer Mensch, der für sie auch eine ganz neue Zukunft möglich machen würde. Ich denke immer, an diesem Freitag, an dem er starb, muss das ein ganz furchtbarer Schmerz gewesen sein. Das ist für alle Menschen so, wenn jemand stirbt, den du lieb hast.

Dann kam der Samstag, ein Samstag, an dem wohl alle nur geschwiegen haben und verzweifelt waren. Am Sonntag wollten die Frauen, seine Jüngerinnen, ihn salben, wie das damals in Israel üblich war. Ein Toter wurde einbalsamiert, oft mit teuren Ölen. Aber als sie hinkamen, war das Grab leer, so wird das in der Bibel erzählt. Wie das wohl genau war, darüber sind sich die Menschen nicht einig. Viel wichtiger aber ist auch etwas anderes. Die Frauen haben gespürt: sie müssen gar keine Angst haben, der Tod hat gar nicht das letzte Wort gehabt. Sie haben erlebt, wie ein Engel ihnen zugesagt hat: „Fürchtet euch nicht!" Und nach und nach, über Wochen, haben die Jüngerinnen und Jünger und immer mehr Menschen verstanden: Nein, der Tod ist nicht das Ende.

Ich denke, wir können das so verstehen: Das Leben ist wie eine Straße, die wir entlangwandern. Der Tod aber ist keine Sackgasse. Er ist nur eine Station auf diesem Weg, den wir zu Gott hin gehen. Ja, Gott kommt uns auf diesem Weg sogar entgegen. Wir glauben, dass Jesus Christus nicht im Tod geblieben ist, sondern weiterlebt bei Gott. In einer Ewigkeit, die wir nicht ganz begreifen können. Deshalb geht es ja nicht um Wissen, sondern um Glauben. Aber immer wieder haben in der Geschichte Menschen erfahren: Ja, er ist lebendig bei mir, ich kann die Nähe von Jesus erfahren. Er ist gestorben, wie jeder Mensch. Aber dieser Tod war eben nicht das Ende, sondern der Anfang des ewigen Lebens.

Diese Frage ist natürlich eine im Zentrum des christlichen Glaubens. Ohne Auferstehung keine Weihnachtsgeschichte, ohne Auferstehungsglauben keine christliche Hoffnung auf Gottes Zukunft. Schlicht gesagt: Ohne Christus kein Christkind. Die Frage nach dem Tod kommt eigens noch einmal vor (Frage 21), die Auferstehung ist sozusagen ein eigener Fall.

Und dabei ist dies eben Glaube und nicht Wissen. Vielleicht hilft das Wort aus dem 1. Korintherbrief: „Nun bleiben Glaube, Hoffnung, Liebe, diese drei; aber die Liebe ist die größte unter ihnen" (1. Korinther 13). Schon Kinder können ja nachempfinden, was es bedeutet, dass die Liebe bleibt. Wenn beispielsweise die Großmutter gestorben ist: dass sie in unserem Herzen bleibt, dass wird mit ihr verbunden sind, dass wir vielleicht sogar mit ihr reden. Die Liebe bleibt über den Tod hinaus, sie stirbt nicht mit dem Tod. Das heißt, die Beziehung zu einem Menschen bleibt bestehen, dieser Mensch ist nicht einfach ausgelöscht, weil er geliebt ist. Vielleicht können wir Auferstehung, Liebe Gottes, so verstehen. Auferstehung ist sozusagen ein Aufstand gegen den Tod.

Manchmal helfen uns fremde Texte, darüber nachzudenken. Der Theologe und Widerstandskämpfer Dietrich Bonhoeffer hat unter der Überschrift „Diesseits der Todesgrenze" geschrieben: „Nun sagt man, das Entscheidende sei, daß im Christentum die Auferstehungshoffnung verkündigt würde, und daß also damit eine echte Erlösungsreligion entstanden sei. Das Schwergewicht fällt nun auf das Jenseits der Todesgrenze. Und eben hierin sehe ich den Fehler und die Gefahr. Erlösung heißt nun Erlösung aus Sorgen, Nöten, Ängsten und Sehnsüchten, aus Sünde und Tod in einem besseren Jenseits. Sollte dieses aber wirklich das Wesentliche der Christusverkündigung der Evangelien und des Paulus sein? Ich bestreite das. Die christliche Auferstehungshoffnung unterscheidet sich von der mythologischen darin, daß sie den Menschen in ganz neuer und gegenüber dem Alten Testament noch verschärfter Weise an sein Leben auf der Erde verweist.

Der Christ hat nicht wie die Gläubigen der Erlösungsmythen aus den irdischen Aufgaben und Schwierigkeiten immer noch eine letzte Ausflucht ins Ewige, sondern er muß das irdische Leben wie Christus (‚Mein Gott, warum hast Du mich verlassen?') ganz auskosten, und nur indem er das tut, ist der Gekreuzigte und Auferstandene bei ihm und ist er mit Christus gekreuzigt und auferstanden. Das Diesseits darf nicht vorzeitig aufgehoben werden. Darin bleiben Neues und Altes Testament verbunden. Erlösungsmythen entstehen aus den menschlichen Grenzerfahrungen. Christus aber faßt den Menschen in der Mitte des Lebens."[8]

Bonhoeffer ist der Meinung, dass die Auferstehung vielleicht der radikalste Verweis auf die Verantwortung des Menschen hier und heute ist. Die Auferstehung ist gerade nicht eine Hoffnung, die mich von Verantwortung entbindet, sondern ich vertraue meine Zukunft Gott an und bin deshalb frei, mein Leben hier im Sinne Jesu zu gestalten. Auferstehungshoffnung führt nicht zu Weltflucht. Zu ihr gehört eben das Reden darüber, das Nicht-Nachlassen, das Sich-nicht-zufrieden-Geben, das Aufbrechen zu Neuem, der Mut, nach vorne zu schauen.

Ich würde meinen Kindern ehrlich Auskunft geben, dass ich an die Auferstehung glaube, aber nicht genau sagen kann, wie wir uns das vorzustellen haben. Und wenn ich nicht daran glaube, würde ich erzählen, dass die Bibel davon spricht. Mit der Rede von der Auferstehung geben wir diesen wunderbaren Ruf weiter, mit dem unsere Gottesdienste am Ostermorgen beginnen: „Der Herr ist auferstanden, er ist wahrhaftig auferstanden!" Aus dieser Hoffnung leiten viele Menschen die Verantwortung

---

[8] *Brief aus dem Gefängnis vom 27.06.1944.*

für heute ab. Weil wir unser Leben nach dem Tod Gott anvertrauen können, müssen wir gar nicht so viel darüber grübeln. Aber wir können hier und jetzt schon Spuren legen, die zeigen, wie es einst bei Gott sein wird. Indem wir Liebe weitergeben und für Gerechtigkeit eintreten.

> *Lieber Gott,*
> *mach, dass mein Gyrosröllchen,*
> *also mein Meerschweinchen Merli, wieder lebt!*
> *Wenn du es nicht schaffst,*
> *lass mich ihn nicht vergessen.*
> Miriam

Vertraut den neuen Wegen,
auf die uns Gott gesandt!
Er selbst kommt uns entgegen.
Die Zukunft ist sein Land.
Wer aufbricht, der kann hoffen
In Zeit und Ewigkeit.
Die Tore stehen offen.
Das Land ist hell und weit.
Klaus Peter Hertzsch

7. Wie ist es so im Himmel?

Weißt du, den Himmel stelle ich mir unendlich vor. Glücklich sind dort alle, es herrscht tiefer Frieden. Alle haben genug zu essen und zu trinken, es gibt nichts Böses mehr, keinen Streit, keine Tränen, keinen Tod. Denk einmal an den schönsten Platz, den du dir vorstellen kannst, und dir geht es rundherum gut – ich denke, so ist es im Himmel. Dabei stellen sich die Menschen sicher ganz verschiedene Himmel vor. Wie es wirklich ist, werden wir erst wissen, wenn wir da sind. Aber ich bin überzeugt, das ist ein Ort, an dem alle aus tiefstem Herzen froh sind.

Ach, so eine Frage kann tatsächlich aus „heiterem Himmel" kommen. Wenn Kinder nach dem Himmel fragen, haben sie ihren Horizont ganz wesentlich erweitert. Manchmal kommt das plötzlich, da haben sie etwas entdeckt, eine Weite, die sie vorher nicht gesehen, nicht erkannt haben. Manchmal entwickelt sich das Schritt für Schritt; mal durch einen Anlass, mal nachdenklich, mal stürmisch, oder diese Frage kommt eher beiläufig auf einem Spaziergang daher.

Eltern kann das überraschen, scheinen ihnen doch die Fragen nach der Erde, nach dem Leben hier schon kompliziert genug. Ich denke, da müssen nicht gleich das Sterben und der Tod thematisiert werden, dazu gibt es spezifischere Fragen (vgl. 6.,13.). Den Himmel in den Blick zu nehmen, das führt zunächst wohl einmal zu dem Gedanken, dass die Grenzen dessen, was wir sehen, überschritten werden können. Dass da mehr ist, als unsere Augen wahrnehmen! Für Kinder kann die Erkenntnis, dass die Erde nur ein Teil eines größeren Ganzen ist, auch erschreckend sein. Vielleicht haben sie einen Ufo-Film gesehen, etwas über Space-Shuttles gehört oder sich klar gemacht, was eigentlich der Weltraum ist. So etwas Großes kann, wie auch die Rede über Satelliten und Marsexpeditionen, ungeheuer beunruhigen. Bilder von einem großen schwarzen All, von unendlichen Sternen, von Welten, die wir nicht kennen, können den Menschen unendlich klein und verloren erscheinen lassen. Wenn wir uns als Erwachsene wirklich darauf einlassen, können wir das durchaus nachvollziehen. Ich denke auch an Jean Paul und seinen berühmten, klassischen Text über den Auferstandenen, der entdeckt, dass der Himmel leer ist. Das ist tief irritierend auch für nachdenkliche Menschen älterer Jahrgänge.

Zuallererst ist es darum wichtig, diese Frage ernst zu nehmen. Im Himmel sind wir einst wohl näher bei Gott, ja. Der Himmel ist seit Jahrtausenden für die Menschen ein Bild dafür, dass da mehr ist, als wir sehen und fassen können, dass das Leben größer ist als unser Erkennen. Der Himmel steht für die Sehnsucht und für ein Leben jenseits der Erde, für ein Aufgehobensein bei Gott. Weite, Zukunft, Zuversicht – der Himmel ist ein großartiges Bild für die Tiefe des Lebens.

Aber der Himmel ist für uns auch jetzt und hier schon ein Zeichen der Größe und Weite Gottes, an die wir uns herantasten, die wir aber nicht beherrschen können. Dabei ist der Himmel nicht etwas außerhalb von Gott, der Himmel ist nicht voller fremder Wesen, die uns Angst machen, wie so manche Computerspiele und Filme uns weiß machen wollen. Nein, auch der Himmel ist von Gott geschaffen und in Gottes Hand. Für uns wunderbar anzusehen, immer anders, faszinierend. Auf den Himmel zu achten macht sensibel für die Großartigkeit der Schöpfung, für die Bewegung, die Vielfalt, die Unendlichkeit.

In der Schöpfungsgeschichte heißt es: *„Im Anfang schuf Gott Himmel und Erde. Und die Erde war wüst und leer, und es war finster auf der Tiefe; und der Geist Gottes schwebte auf dem Wasser. Und Gott sprach: Es werde Licht! Und es ward Licht. Und*

Gott sah, dass das Licht gut war. Da schied Gott das Licht von der Finsternis und nannte das Licht Tag und die Finsternis Nacht. Da ward aus Abend und Morgen der erste Tag." (1. Mose 1,1-5)

Das sind sehr, sehr alte Worte, mit denen ein frommer Jude sich und anderen erklärte, wie Dunkelheit und Licht, die Schöpfung, Gottes Wirken zu verstehen ist. Unsere deutschen Begriffe „wüst und leer" heißen auf hebräisch „tohuwabohu". Das finde ich wunderbar einleuchtend. „Was hast du für ein Tohuwabohu in deinem Zimmer!", das sagen wir Kindern ja manchmal. Gott hat das Tohuwabohu von Dunkelheit und Schrecken und Angst in eine gute Ordnung gebracht von Dunkel und Licht, in einen Rhythmus von Tag und Nacht. Dieser Rhythmus bestimmt unser Leben, er lässt uns aktiv sein und zur Ruhe kommen. Wir müssen die Nacht nicht fürchten, denn der Morgen kommt. Das gilt im eigentlichen und im übertragenen Sinn – rund um die Erde entsteht immer wieder neu das Morgenlicht, Tag und Nacht wechseln sich ab.

Weil Dunkel und Hell, Tag und Nacht, Erde und Himmel von Gott geschaffen sind, dürfen wir uns schlicht über den Himmel freuen, ihn bestaunen. Diese Weite muss uns keine Angst machen, sie ist großartig. Die Unendlichkeit ist nicht voller Schrecken, wenn wir Zutrauen haben, dass Gott auch in der Unendlichkeit wirkt und präsent oder schlicht „da" ist. Wir können den Wolken nachschauen, überlegen, wohin sie ziehen. Und, ja, es mag sein, dass es da Wesen gibt, die auch von Gott geschaffen sind, anders als wir, ähnlich vielleicht auch. Das ist die Größe der Schöpfung Gottes. Der Film des Regisseurs Steven Spielberg aus dem Jahr 1982, „E. T.", hat das auf sehr sensible Weise dargestellt, finde ich. In ihm wird von Außerirdischen erzählt, die mit ihrem Raumschiff in einem Wald bei Los Angeles landen – und beim Verlassen der Erde ein Crewmitglied vergessen. Dieser E.T., ein auf den ersten Blick doch etwas abstoßend erscheinender Außerirdischer, wird für den 10-jährigen

Elliot, der ihn entdeckt, nach und nach zu einem liebenswerten Wesen – und alle weinen mit ihm, als es vergeblich versucht, „nach Hause" zu „telefonieren" ...

So steht der Himmel auch für die Weite, die wir nicht verstehen. Auch die Astrophysik, auch die Weltraumforschung kann nicht alles verstehen und ergründen. Wenn Kinder aus dem magischen Alter herauswachsen und – so etwa mit dem sechsten oder siebten Lebensjahr – in das Alter kommen, in denen das Erkennen und Ergründen von Zusammenhängen bedeutsam wird, ist es wichtig, wissenschaftliche Erkenntnis und Glauben nicht als unvereinbar darzustellen. Es ist wunderbar, was wir alles erforschen können. Das ist auch ein Geschenk Gottes. Aber dieses Erforschen ist nicht alles; es kann nicht erklären, wie es zur Schöpfung kam, und das Erkennen der Welt, der Erde und des Himmels erschöpft sich nicht in wissenschaftlicher Erklärung allein. Wir erleben mehr, als wir begreifen. Auch berühmte Physiker sehen die Grenze dessen, was wir erklären können, und verwenden Bilder, die durchaus unscharf sein können.

Vielleicht können Sie sich mit Ihrem Kind auf einen Rasen legen und in den Himmel schauen. Am Mittag: da sind Wolken oder da ist Blau ... Am Abend, vielleicht mal in den Ferien und am besten weit weg vom Streulicht der Städte: das Firmament. Da sind Mond und Sterne. Der Himmel ist weit und unendlich, ja. Wir wissen nicht genau, was sich dort alles verbirgt. Aber auch der Himmel ist Teil von Gottes Schöpfung, er ist nicht irgend ein angstgebietendes schwarzes Loch. Es ist wunderbar, sich auf den Himmel einzulassen. Es kann auch eine Befreiung sein – auch für ein Kind! –, sich einmal von der Erde lösen zu dürfen und Vertrauen in die Weite des Himmels zu finden. Den Himmel als weiten, offenen Raum erfahren. Sich vorstellen, auf einer weichen Wolke zu schweben. Wir sollten nicht verkennen, welcher Kummer manchmal auf einer Kinderseele lastet, der den Eltern gar nicht immer im Detail mitgeteilt werden kann. Himmel hat doch auch mit Freiheit zu tun. Da tut sich ein Freiraum auf, in dem alles möglich scheint. Sich weit weg wünschen, den treibenden Wolken nachsinnen, Wünsche in die Sterne projizieren, das tut schlicht gut.

Und wenn wir als Eltern unsere Kinder dem Himmel anvertrauen oder ihnen den Himmel eröffnen, geben wir sie auch frei in die größere Dimension Gottes. Wir können sie ja nicht festhalten, sie nicht in die Enge einschließen. Wir können – und müssen – ihnen nicht alles bieten.

Es gibt dieses schöne alte Lied, das die Geschöpfe des Himmels und der Erde freundlich zusammenführt: „Weißt du, wie viel Sternlein stehen?" Wie wunderbar, wenn sich dieses Lied einem Kind einprägt, wenn es die Worte und die Melodie erinnert, wenn das mitschwingt beim Blick in den Himmel. „Gott allein hat sie gezählet, dass ihm auch nicht eines fehlet" – das ist eine tiefe Lebenszusage. Versuchen Sie ruhig, es zu singen, auch wenn es schief klingen sollte. Wer auf dem Rasen liegt und Wolken oder Sterne beobachtet, muss kein Mustersänger, keine Sopranistin sein ...

Lieber Gott,
Du hast alles gemacht: die Sonne, den Mond, den Tag und die Nacht, den Himmel, die Erde, das Wasser, den Schnee, die Tiere am Land und die Fische im See, ein Kleid für die Erde: grün und gelb, blau und rot, die Blumen, die Wälder, wir freuen uns, Gott!
Annette

Weißt du, wie viel Sternlein stehen an dem blauen Himmelszelt?
Weißt du, wie viel Wolken gehen weithin über alle Welt?
Gott der Herr hat sie gezählet,
dass ihm auch nicht eines fehlet
an der ganzen großen Zahl.

Weißt du, wie viel Mücklein spielen in der heißen Sonnenglut?
Wie viel Fischlein auch sich kühlen in der hellen Wasserflut?
Gott der Herr rief sie mit Namen, dass sie all ins Leben kamen,
dass sie nun so fröhlich sind.

Weißt du, wie viel Kinder frühe stehn aus ihrem Bettlein auf?
Dass sie ohne Sorg und Mühe fröhlich sind im Tageslauf?
Gott im Himmel hat an allen seine Lust, sein Wohlgefallen;
Kennt auch dich und hat dich lieb.
Wilhelm Hey

8. Hat Gott auch Tiere lieb?

Ganz sicher. Stell dir nur vor, wie viel Spaß Gott an der Vielfalt der Tiere haben muss: Mücken und Meerschweinchen, Hamster und Löwen, Mäuse und Elefanten. Hast du ein eigenes Tier? Dann musst du sehr verantwortlich mit ihm umgehen. Tiere brauchen uns, damit wir sie füttern und für sie sorgen, wenn sie in unserem Haus leben. Aber Tiere sind kein Spielzeug. Tiere müssen respektiert werden, sie haben ihren eigenen Rhythmus, ihre eigenen Bedürfnisse.

Und Tiere können auch bedrohlich sein. Kennst du die Geschichte von Jona im Walfisch? Da kannst du nachlesen, wie in der Schöpfung Tiere eine ganz besondere Rolle spielen. Aber eben nicht nur so dramatisch wie bei Jona. Ganz alltäglich gehören sie zu unserem Leben. Ohne Kühe hätten wir keine Milch, das Schnitzel kommt von Schweinen und die Eier von Hühnern. Wir können dankbar sein, dass wir durch Tiere auch so viel Nahrung bekommen.

Es tut Kindern nach meiner Erfahrung gut, wenn Tiere im Haus sind. Aber sie sollten nie leichtfertig angeschafft werden. Ein Hund muss eben mindestens einmal am Tag, besser dreimal ausgeführt werden. Ein Meerschweinchenkäfig muss sauber gemacht werden ebenso wie ein Aquarium. Kinder können so Verantwortung und Pflichtbewusstsein gegenüber von ihnen abhängigen Kreaturen lernen, sie können lernen, was es heißt, für jemanden zu sorgen. Aber für die Eltern kann das auch ein Kraftakt sein.

Bei uns gibt es dabei zwei Extreme. In manchen Haushalten

werden Tiere zu Menschen gemacht. Ich denke, da müssen auch Kindern klare Regeln gegeben werden. Die Katze gehört nicht ins Bett, sie ist eben kein Steiff-Kuscheltier. Ein Hund braucht keine Decke beim Spaziergang, wenn es schneit, er ist ein Hund und kein Mensch mit Anorak. Und ein Hamster ist nachts wach und will tagsüber seine Ruhe haben. Es gehört zum Respekt vor Tieren, sie nicht zu vermenscheln. Ein anderes Problem ist: Tiere müssen sterben, in der Regel früher als die Menschen, die sie lieben. Ich habe beim Tod unserer Kaninchen, Meerschweinchen, Hamster und Hunde wahrhaftig immer mitgelitten. Und ich fand auch gut, sie wirklich zu bestatten. Die Kinder müssen der Tatsache ins Auge sehen: wer ein Tier anschafft, muss auch verkraften können, dass es stirbt. Im Grunde ist das ein wichtiger Schritt fürs Leben. Aber es kann sehr weh tun. Es ist wirklich kein Ausweg, irgendwelche abwegigen Geschichten zu erzählen, wo das Tier geblieben sei. Da hilft nur Klarheit und Wahrheit. Und die Trauer aushalten. Auf dem Land lernen das Kinder heute noch immer auf ganz natürliche Weise. Davon sind wir in der Stadt manches Mal in der Tat allzu weit weg.

Das andere Extrem ist die Tierhaltung, die das Tier nur noch zum Produkt macht. Auch hier darf natürlich nicht romantisiert werden, „Ein Schweinchen namens Babe" ist ein Kinofilm und hat mit der Wirklichkeit der Landwirtschaft heute wenig zu tun. Aber Respekt vor dem Tier muss auch im Zeitalter der Massentierhaltung eingefordert werden. Immer wieder höre ich von Eltern, deren Kinder nach einem Bericht über diese Tierhaltung erklären, sie wollten jetzt kein Fleisch mehr essen. Nun habe ich Respekt vor Vegetariern. Aber wir sollten Kindern schon auch klar machen, dass Fleischverzehr normalerweise zur Nahrung gehört; biblisch gesehen ist das Tier eben auch dazu geschaffen. Beim Bund, den Gott mit den Menschen nach der Sintflut schließt, heißt es: *„Und Gott segnete Noah und seine Söhne und sprach: Seid fruchtbar und mehret euch und füllet die Erde. Furcht und Schrecken vor euch sei über allen Tieren auf Erden und über allen Vögeln unter dem Himmel, über allem, was auf dem Erdboden wim-*

melt, und über allen Fischen im Meer; in eure Hände seien sie gegeben. Alles, was sich regt und lebt, das sei eure Speise; wie das grüne Kraut habe ich's euch alles gegeben" (1. Mose 9,1-3).

Es ist gar keine Frage, dass Ethik in der Tierhaltung und Regelungen für den Tiertransport einzufordern sind. Aber wenn wir Fleisch essen wollen, müssen Tiere auch in größeren Mengen gehalten werden. Wichtig ist es, sich klarzumachen, dass all das zusammenhängt: wie Tiere bei uns gehalten werden, wie sie transportiert und geschlachtet werden, und was wir essen und mit welcher Haltung wir es tun. Beispielsweise können wir beim Einkauf darauf achten, dass Fleisch und Eier aus der eigenen Region stammen. Kinder werden, wenn sie beim Einkaufen mitmachen und vielleicht auch mit entscheiden dürfen, gerne darauf achten. So werden sie auch zu kritischen Konsumentinnen und Konsumenten. Vielleicht gibt es ja auch in Ihrer Nähe einen landwirtschaftlichen Betrieb mit Direktvermarktung. Das kann einen wunderbaren Lerneffekt haben. Denn einerseits ist es wichtig, unsere Landwirtschaft mit Einkauf vor Ort zu unterstützen. Andererseits versteht ein Kind die Nahrungskette so viel besser. Allzu viele Stadtkinder haben keine Ahnung mehr, dass ihre „ChickenMcNuggets" etwas mit einem lebendigen Huhn zu tun haben.

Die wirklich schön zu erzählende oder gemeinsam zu lesende Geschichte von Jona aus dem Alten Testament fällt mir ein, wenn es um Tiere geht. Das Zusammenspiel von Gott, Mensch und Tier ist hier sehr spannend inszeniert. Wir sehen, welch eine wichtige Rolle ein Tier spielen kann und dass Gott seine Meinung ändert, wenn auch die Menschen sich ändern. Überhaupt sind Tiere in der Bibel ein lohnendes Thema. Immer wieder wird die Schöpfung gelobt bis zu den kleinsten, faszinierenden Insekten, immer wieder dienen sie als Beispiel in einer Geschichte, die Jesus erzählt, immer wieder spielen sie eine tragende Rolle – ich denke auch an den Esel, der beim Einzug Jesu in Jerusalem eine große Bedeutung hat. Ja, Gott hat die Tiere lieb, ich denke, das können wir unseren Kindern aus voller

Überzeugung sagen. Und übrigens, wenn es um die Tiere an Weihnachten und um die Krippe geht, da wird ja immer wieder gefragt, wie Ochs und Esel dorthin gekommen seien, weil Lukas und Matthäus nichts von ihnen berichten. Nun, im Alten Testament, beim Propheten Jesaja, heißt es: „Ein Ochse kennt seinen Herrn und ein Esel die Krippe seines Herrn ..." (1,3) – da werden sie wohl in Bethlehem dabei gewesen sein.

Lieber Gott,
bitte gib, dass die Tiere unter mehr Naturschutz sind
und nicht so viele Tiere aussterben
und hilf, dass nicht so viele Unfälle passieren
und dass nicht so viel Umweltverschmutzung passiert
und dass nicht so viele Kriege sind.
Amen
Johanna

Kein Tierlein ist auf Erden dir, lieber Gott, zu klein.
Du ließest alle werden, und alle sind sie dein.
Zu dir, zu dir, ruft Mensch und Tier.
Der Vogel dir singt. Das Fischlein dir springt.
Die Biene dir summt. Der Käfer dir brummt.
Auch pfeifet dir das Mäuselein:
Herr Gott, du sollst gelobet sein!

Das Vöglein in den Lüften singt dir aus voller Brust,
die Schlange in den Klüften zischt dir in Lebenslust.
Zu dir, zu dir ruft Mensch und Tier ...

Die Fischlein, die da schwimmen, sind, Herr,
vor dir nicht stumm,
du hörest ihre Stimmen, ohn' dich kommt keines um.
Zu dir, zu dir ruft Mensch und Tier ...

Vor dir tanzt in der Sonne der kleinen Mücklein Schwarm,
zum Dank für Lebenswonne ist keins zu klein und arm.
Zu dir, zu dir ruft Mensch und Tier ...

Sonn', Mond gehn auf und unter in deinem Gnadenreich,
und alle deine Wunder sind sich an Größe gleich.
Zu dir, zu dir ruft Mensch und Tier ...
Clemens Brentano

9. Warum gibt es so gemeine Menschen?

Das verstehe ich auch nicht. Ich denke, jeder Mensch wird als Baby erst einmal gleich geboren, und sehnt sich nach Liebe und nach Kuscheln und nach Geborgenheit. Manche kleinen Kinder bekommen vielleicht nicht genug davon, und dann wollen sie Aufmerksamkeit bekommen, indem sie andere ärgern und gemein sind.

Wir können nur dagegen halten, indem wir für das Gute eintreten und die Liebe. Ich kann nicht verstehen, warum jemand ein Tier oder einen Menschen quält.

Meine Großmutter hat mir als Kind beigebracht: „Quäle nie ein Tier zum Scherz, denn es fühlt wie du den Schmerz." Jedes Tier, aber auch jeder Mensch fühlt ja den Schmerz, der ihm zugefügt wird, am Körper oder an der Seele. Ich kann dich nur ermutigen: Wenn du siehst, das jemand dauernd geärgert oder gar gequält wird, rede mit deinen Eltern oder anderen Erwachsenen darüber. Das ist nicht Recht, das darf nicht sein. Da müssen andere Menschen einschreiten. Vielleicht kannst du das schon selbst, wenn es unter Kindern so zugeht. Aber du kannst dich immer auch an Erwachsene wenden, die dir helfen. Wir dürfen nicht zulassen, dass Menschen gemein zueinander sind, sonst können wir gar nicht mehr glücklich zusammen leben.

Weißt du, ich finde es richtig gut, dass sich inzwischen Kinder in der ganzen Welt für ihre Rechte auch selbst einsetzen. Im Jahr 2002 hat es in New York eine große Veranstaltung gegeben, bei der Kinder aus vielen Ländern mit wichtigen Politikerinnen und Politikern zusammensaßen. Die Kinder haben von ihren Problemen und Sorgen erzählt. Dann wurden die Rechte der

Kinder zusammengefasst. Und die Menschen aus der Politik haben sich verpflichtet, die Rechte der Kinder umzusetzen.

Die Frage nach bösen Menschen ist in den unterschiedlichsten Varianten aufgetaucht. Etwa: Warum lässt Gott schlimme Sachen zu? Oder: Liebt Gott auch Verbrecher und Mörder? Und: Haben auch böse Menschen eine gute Seele? Oder: Verzeiht Gott alles? Ich denke, die Frage nach bösen Menschen zeigt tiefe Angst von Kindern. Sie spüren sehr wohl, wie gefährdet sie sind. Vertrauen macht auch sehr verletzlich.

Immer wieder hören Kinder ja auch Nachrichten von anderen Kindern, die missbraucht und ermordet wurden. Ich denke etwa an die kleine Levke und den kleinen Felix, die getötet wurden, an Jessica, die ihre Eltern grausam verhungern ließen. Durch die Medien erfahren Kinder davon. Einerseits habe ich immer versucht, meine Kinder vor allzu drastischen Darstellungen von Gewalt zu schützen. Andererseits ist das auch nicht durchgehend möglich. Die einstürzenden Türme am 11. September 2001 etwa liefen als Bilder ständig um die Welt. Wir können sie vor unseren Kindern nicht geheim halten. Dann helfen nur offene Gespräche. Warum sind Menschen so gemein? Ich kann es wirklich auch nicht verstehen, wie jemand andere ermordet. Es gibt allerdings die Versuchung zum Bösen. Das kennen ja auch Kinder: Würdest du nicht auch mal gerne klauen, wenn du etwas siehst, was du magst, aber du kannst es dir nicht kaufen? Und ist dann nicht so eine Art böse Stimme, die sagt: Na und, wer merkt das schon? Das ist die Verführung zum Bösen.

Ich denke, die Geschichte von Kain und Abel (1. Mose 4) ist hier gut zu erzählen. Kain ist eifersüchtig, weil er meint, dass Gott seinen Bruder Abel bevorzugte. Er „ergrimmt", erzählt die Bibel, und senkt seinen Blick. Gott sagt zu Kain *„Wenn du fromm bist, so kannst du frei den Blick erheben. Bist du aber nicht fromm, so lauert die Sünde vor der Tür und nach dir hat sie Verlangen: Du aber herrsche über sie."* So alt diese Worte sind, so weise finde ich sie. Wer offenen Herzens ist, nicht verschlagen, nichts Böses im Sinn hat, kann offen und frei in die Welt blicken. Und das kennen auch Kinder sehr gut: Wer beim Lügen ertappt wird, wer nicht ehrlich ist, wer es nicht gut meint, senkt den Blick. Weil ein solcher Mensch im tiefsten Herzen weiß: Es ist Unrecht, was ich tue.

Kain erschlägt Abel. Gott tötet nun aber nicht Kain aus Rache, sondern Kain muss mit einem Zeichen auf der Stirn herumlaufen. Jeder sieht, was er getan hat, er muss mit der Schuld leben. Das ist bis heute beeindruckend. Rache ist keine Lösung. Sondern mit der Schuld leben, das ist die Herausforderung. Jemand, der Kinder quält, muss damit leben, dass es ans Licht kommen wird. Wahrscheinlich schon in dieser Welt, spätestens in Gottes Zukunft. Wie wird er dastehen, wie sich selbst ansehen können?

So geht es einerseits darum, Kinder zum aufrechten Gang zu ermutigen. Dazu, eben nicht andere zu quälen, zu hänseln, zu verletzen, weil jeder und jede andere das genauso spürt, wie man selbst es spüren würde. Eine Erziehung zur Behutsamkeit, zum Bedachtsein auf andere ist keine Weicheierziehung. Gerade Jungen werden oft gedrängt, ihre eigenen Gefühle beiseite zu schieben und den Starken zu markieren. Ich finde, unsere Welt wird reicher durch behutsame Männer, die sensibel sind und mitfühlen. Das ist eher ein Zeichen von Stärke als von Schwäche. Dazu möchte ich Eltern Mut machen. Und auch zu einer Achtsamkeit gegenüber der Schöpfung, jeder Kreatur gegenüber.

Um Kindern die Angst zu nehmen, sollten wir sie aber auch ganz klar ermutigen, kleinste Zeichen von Bedrohung und Missbrauch mitzuteilen. Allzu oft werden Kinder da nicht ernst genommen. Ich denke an einen Missbrauch in einer Kindertagesstätte, wo die Signale und Erzählungen und Andeutungen der Kinder viel zu lange abgetan wurden, weil Eltern und Kollegen dem Erzieher mehr trauten als den Kindern. Ja, ich weiß, es gab auch Fälle von falschen Beschuldigungen. Aber das

Grundprinzip muss sein: Wir werden hellwach, wenn ein Kind von Bedrohungen oder Belästigung berichtet. Es muss klar sein: Du kannst dich uns Erwachsenen anvertrauen.

Nun wissen wir, dass manches Mal auch Missbrauch und Gewalt in Familien vorkommen. Auch deshalb finde ich es so wichtig, dass Kinder auch andere Erwachsene als die Eltern kennen, denen sie vertrauen dürfen. Es ist gut, wenn Großeltern, Paten, Freundinnen und Freunde regelmäßig Kontakt zu Kindern haben. Wir müssen sie ernst nehmen, zuhören, damit ihre Seelen nicht so schwer verletzt werden, dass sie nicht mehr ins Gleichgewicht finden.

Wie bei allen Fragen, wird auch hier das Vorbild von Bedeutung sein. Ja, es kann sein, dass ein Kind über ein anderes lästert. Die NN ist so doof und der XX gibt so an. Nehmen wir das nicht gleich als Alarmsignal, wir Erwachsenen lästern doch auch manches Mal. Aber wenn wirklich Signale von Mobbing erkennbar werden, wenn es heißt: „Die blöde Kuh flennt seit Tagen nur noch rum in der Schule", dann stimmt etwas Grundlegendes nicht. Dann müssen wir mit dem Kind reden und eventuell auch mit anderen Eltern und Erzieherinnen und Erziehern in Kindertagesstätte oder Lehrerinnen und Lehrern in der Schule. Wie bei allen anderen Fragen auch: Wir brauchen Zeit, um hinzuhören, was los ist im Leben der Kinder, an denen uns liegt. Und wenn wir unsere Kinder zur Achtsamkeit gegenüber anderen und gegenüber der Schöpfung insgesamt erziehen wollen, dann müssen sie auch erfahren, dass wir voll dahinterstehen. Das äußert sich auch in der Art, wie wir mit ihnen umgehen.

Es scheint mir wichtig, den Kindern zu sagen, dass sie nicht allein sind mit ihren Fragen und Hoffnungen, ja Forderungen. Der UN-Aktionsplan von 2002 ist ein gutes Zeichen, dass Kinder Rechte haben und Rechte fordern. Es wird Kindern gut tun, zu wissen, dass ihre Fragen sogar bei den Vereinten Nationen angekommen sind. Wir können etwas tun, wir können uns Gehör verschaffen, es gibt einklagbare Forderungen, damit die

Länder Kinder schützen und fördern. Das zeigt: Wir sind nicht dazu verdammt, nur zu fordern oder Probleme zu sehen, sondern wir können aktiv handeln. Das scheint mir für das Bewusstsein von Kindern eine zentrale Botschaft.

> *Lieber Gott,*
> *du hast doch jeden Menschen lieb. Gerade, wenn wir so schön spielen, immer dann kommt einer und ärgert uns. Lieber Gott, warum ist das so? Du hast doch jeden Menschen lieb. Hat er denn keinen, der mit ihm spielt? So dass er sich bei uns interessant machen muss? Mach doch, dass es sich ändert. Amen.*
> Svenja

Der UN-Aktionsplan:

Was in den nächsten zehn Jahren erreicht werden soll:

- Alle Kinder sollen gesund aufwachsen.
- Alle Kinder sollen lernen können.
- Kein Kind soll geschlagen und ausgebeutet werden.
- Alle Kinder sollen vor Krieg geschützt werden.
- Kein Kind soll gefährliche Arbeit machen müssen.
- Kein Kind soll sexuell missbraucht werden.
- Alle Kinder sollen vor HIV/AIDS geschützt werden.

Im UN-Aktionsplan sind die konkreten Schritte zusammengefasst, die die Lage der Kinder in aller Welt verbessern sollen. Dieser Plan ist das Ergebnis der Diskussionen zwischen den Politikern und Politikerinnen, Kindern und Kinderhilfsorganisationen beim Weltkindergipfel der Vereinten Nationen in New York 2002. Alle Regierungen, die diesem UN-Aktionsplan zugestimmt haben, haben damit versprochen:

- dass sie sehr schnell überlegen, wie sie all diese Ziele in ihrem Land verwirklichen können.
- dass sie all diese Punkte schnell und entschieden angehen.
- dass sie sich dabei gegenseitig unterstützen.[9]

---

[9] Eine Welt – fit für Kinder, BMfFSFJ, 2002, S. 8.

10. Wieso gibt Gott die Zehn Gebote?

Wenn Menschen zusammenleben, gibt es schnell Streit, das ist ganz normal. Und so hat Gott zehn Grundregeln für das Zusammenleben aufgestellt, die schon seit rund 3000 Jahren gezeigt haben, dass sie Regeln für ein gutes Miteinander sind. Vielleicht magst du mal überlegen, was dir am wichtigsten ist als Regel, wenn du zehn aufstellen könntest. Meine Erfahrung ist, dass wir immer wieder zu den Grundregeln der zehn Gebote zurückkommen, auch wenn wir es anders formulieren. Wir wollen nicht, dass Menschen getötet werden, dass wir uns gegenseitig etwas wegnehmen, dass andere schlecht über uns reden. Das sagen die Gebote auf ihre Weise. Und dazu gibt Gott drei Gebote, wie wir in der Religion leben sollen. Wir sollen keine anderen Götter verehren, wir sollen nicht über Gott lästern und wir sollen den Feiertag heiligen. Eigentlich alles sinnvoll. Und wenn alle Menschen danach leben würden, gäbe es sicher weniger Angst und Schrecken auf der Welt.

Die Zehn Gebote erleben derzeit eine gewisse Renaissance. Und das ist gut so. Grundregeln sind sie ja wahrhaftig. Wo gestohlen, betrogen und gelogen wird, ist das Grundvertrauen zwischen Menschen zerstört. Kinder brauchen Regeln, Klarheit, Werte – an die sich dann allerdings auch die Eltern halten müssen! Die „Super-Nanny-Shows" im Fernsehen, über deren pädagogischen Sinn ja heftig diskutiert wird, zeigen gerade neu, wie wichtig Regeln und Grenzen in der Erziehung sind, wie wichtig aber auch eine Anerkennungskultur für das Einhalten von solchen Regeln ist. Regeln einhalten gibt Sicherheit.

Ich erinnere mich gut an eine Stunde im Konfirmandenunterricht, ich war junge Pastorin. Die Zehn Gebote waren als Thema dran, und ein Konfirmand verdrehte die Augen und sagte unter allgemeinem Gelächter: „Jetzt kommen Sie uns nur nicht mit den Zehn Geboten. Das ist doch Muff von vorgestern!" Aber dann wurde klar: Wenn wir versuchen, Regeln aufzustellen für das Zusammenleben von mehreren Personen unterschiedlichen Alters, dann sind wir von den Zehn Geboten gar nicht so weit weg. Ehrlich miteinander sein, als Eltern und Kinder anständig miteinander umgehen, dem anderen nichts wegnehmen, das liegt Menschen auch heute am Herzen.

Die sieben ethischen Gebote sind für mich geradezu universale Regeln für ein gutes Zusammenleben, für eine gute Welt.

- *4. Gebot: Du sollst Vater und Mutter ehren.* Es geht um den Respekt vor dem Alter. Die über 50-jährigen finden selten noch einen Arbeitsplatz, werden zuerst entlassen. Wer nicht mehr schnell und fit genug ist, ist „out". Und die Kranken und Sterbenden werden als Belastung angesehen. Der so genannte „Generationenvertrag" wankt. Das Gebot ist hochaktuell!
- *5. Gebot: Du sollst nicht töten.* Kinder sind über Mord besonders beunruhigt, weil sie die Hilflosigkeit, das Ausgeliefertsein so deutlich nachvollziehen können. Mord und Krieg sind für sie eine noch größere Bedrohung als für Erwachsene. Es ist wichtig zu sagen: Gott ist ganz und gar dagegen, niemand darf einem Kind weh tun, niemand darf andere Menschen töten.
- *6. Gebot: Du sollst nicht ehebrechen.* Das biblische Verbot von Ehebruch wird in einer Zeit sexueller Freizügigkeit von manchen als altmodisch belächelt. Und doch ist die tägliche Erfahrung auch heute, und zwar gerade für Kinder, dass Ehebruch unendlich viel Schmerz, Kummer und Zerstörung mit sich bringt. Ja, es ist gut, dass Kinder von Scheidungspaaren nicht mehr diskriminiert sind in unserem Land. Aber Ehebruch zerstört Vertrauen, und die Trennung der Eltern ist eine tiefe emotionale Belastung für Kinder.

- *7. Gebot: Du sollst nicht stehlen.* Die Versuchung für Kinder ist groß. Aber Stehlen ist kein Kavaliersdelikt! Es ist wichtig, dass Eltern hier Vorbilder sind, die die Versuchung kennen, ihr aber bewusst widerstehen.
- *8. Gebot: Du sollst nicht falsch Zeugnis reden wider deinen Nächsten.* Das ist für Kinder sofort nachzuvollziehen: Wenn andere schlecht oder falsch von dir reden, das tut weh, ist gemein, zerstört auch Beziehungen.
- *9. Gebot: Du sollst nicht begehren deines Nächsten Haus.* Wenn die anderen haben wollen, was du hast, das gibt nur Streit.
- *10. Gebot: Du sollst nicht begehren deines Nächsten Weib, Knecht, Magd, Vieh noch alles, was sein ist.* Neid, die Gier nach dem, was andere haben, das hat eine zerstörerische Kraft. Kinder begehren, wie wir auch, hätten gern, was andere haben. Es kostet Kraft, ihnen ein Gefühl der Genügsamkeit, Freude, an dem, was sie haben, zu vermitteln.

In aller Kürze also: die Zehn Gebote sind eine bleibende Richtschnur. Das gilt auch für die religiösen Gebote.

- *Das erste Gebot: Ich bin der Herr, dein Gott. Du sollst keine anderen Götter haben neben mir.* Martin Luther hat ja einmal gesagt, woran wir unser Herz hängen, das ist unser Gott. Darüber lässt sich mit einem Kind gut reden. Woran hängt dein Herz, woran meins?
- *Das zweite Gebot: Du sollst den Namen des Herrn, deines Gottes, nicht unnützlich führen.* Gott respektieren und auch den Glauben anderer, darum geht es. Wir dürfen Gott nicht verantwortlich machen für Dinge, die wir zu verantworten haben, auch nicht lächerlich über Gott reden. Den Glauben anderer Kinder nicht auslachen, sondern sie ernst nehmen. Ich bin überzeugt, Kinder verstehen, was das heißt.
- *Das dritte Gebot: Du sollst den Feiertag heiligen.* Es muss einen Rhythmus geben, besondere Tage sind wichtig. Versuchen Sie, eigene Rituale für den Sonntag zu entwickeln, beim Frühstück vielleicht Lied und Kerze… Festtage von Alltagen zu unterscheiden lernen wir in der Kindheit.

Ich bin überzeugt, die Zehn Gebote sind auch heute Regeln für ein gutes Zusammenleben.

Lieber Gott,
mach bitte, dass meine Eltern aufhören,
sich zu streiten.
Bitte, Gott, mach, dass meine Eltern sich beruhigen.
Ich habe Angst, bitte hilf mir. Danke.
Emil

Dein Wort ist meines Fußes Leuchte
Und ein Licht auf meinem Wege.
Psalm 119,105

11. Ist Gott in der Kirche?

Weißt du, schon als Jesus durch Palästina wanderte, hatte er immer viele Menschen um sich, besonders seine Jüngerinnen und Jünger, die ihn begleitet haben. Als Jesus gestorben war, da sind sie auch zusammengeblieben, vielleicht gerade, weil sie so viel Angst hatten. Und dann, als sie verstanden haben, dass Jesus unter uns bleibt, dass er da lebendig ist, wo wir zusammenkommen, da haben sie Gemeinden gegründet. Besonders der Apostel Paulus ist durch viele Länder gereist und hat von Jesus erzählt, und Menschen kamen zusammen und sind auch zusammengeblieben und haben miteinander Gottesdienst gefeiert.

Ja, und als sich die Christen nicht mehr verstecken mussten aus Angst vor Verfolgung, da haben sie Häuser gebaut, in denen sie zusammenkommen konnten, um das Wort von Gott zu hören, die Bibel zu lesen, miteinander zu singen, miteinander zu beten. Oft haben die Menschen ihr Schönstes und Bestes gegeben, um mit den Kirchen wunderbare Orte zu schaffen, wo es anders ist als in anderen Häusern. Für mich sind Kirchen so etwas wie Zeigefinger Gottes. Mitten in der Stadt, mitten im Dorf ist da ein Ort, an dem es um viel Größeres geht, um Gott. Ein Ort, an dem wir zusammenkommen, die Armen und die Reichen, die Jungen und die Alten, und Gott loben oder auch miteinander zu Gott beten. Und manchmal, wenn du in einer Kirche bist, dann spürst du: Da waren schon viele, viele vor mir, die hier gebetet haben. Ein Gotteshaus ist immer auch ein „durchbeteter" Raum. Da verstehen wir, dass wir nicht die Ersten sind im Glauben, sondern in einer großen Glaubensfamilie stehen, die viele Jahrhunderte zurückreicht und auch nach uns noch bestehen wird.

Das ist eine gute und wichtige Frage, finde ich. Vielen Kindern ist es ja nicht mehr vertraut, in eine Kirche zu gehen (da geht es ihnen wie vielen Erwachsenen auch). Darum bin ich froh, dass es die Kirchenpädagogik gibt, Männer und Frauen, die Kirchenräume zeigen und erklären und verständlich machen, die Kindern und Erwachsenen über die Gotteshäuser neue Zugänge zum Glauben eröffnen (mehr hierzu unter *www.kirchenpaedagogik.de*). Bei einer Kirchenführung, hat mir eine Frau erzählt, die die Kirche erläutert hat, fragte ein kleiner Junge sogar, was denn die Pluszeichen auf den Kirchen bedeuteten. Das Kreuz war ihm offenbar so noch nie begegnet ...

Ist Gott in der Kirche, die Menschen – wohl andächtig und ehrgeizig zugleich – für ihn gebaut haben? Vielleicht können wir so sagen: Ja, Gott wohnt in der Kirche. Weil die Menschen da zusammenkommen, um zu ihm zu beten und sein Wort zu hören. Weil sie es dort schön für ihn machen. Aber Gott lässt sich nicht einsperren in die Kirche, wir können Gott dort nicht festhalten. In der Bibel steht, dass Gott eines Tages mitten unter uns wohnen wird, wie ein Nachbar also: „Siehe da, die Hütte Gottes bei den Menschen! Und er wird bei ihnen wohnen und sie werden sein Volk sein, und er selbst, Gott mit ihnen, wird ihr Gott sein." Vielleicht sind deshalb unsere Kirchen eine Art „vorläufige Hütte", mit der wir Gott einladen, immer wieder jetzt schon bei uns zu sein.

Dabei sind diese „vorläufigen Hütten" oft die beeindruckendsten Bespiele von Architektur und Kunst einer Zeit, in einem Maße durchdacht, geplant, mit Kunstfertigkeit und Liebe gebaut, wie es bei wenigen anderen Bauwerken der Fall ist.

Und deshalb sind Kirchenräume große Schätze. Vielleicht nehmen Sie sich Zeit, mit Ihrem Kind Ihre Kirche zu entdecken, das Gotteshaus der Gemeinde, zu der Sie gehören. Oder auch eine besonders schöne Kirche zu besuchen, es gibt so viele davon! Und dann können wir den Raum anschauen, erzählen, was die Kanzel bedeutet, was am Altar abgebildet ist. Auch viele evangelische Kirchen sind heute verlässlich geöffnet – die katholischen in der Regel ohnehin –, das heißt, Sie können tagsüber hinein. Sie können mit dem Kind ein Gebet sprechen oder eine Kerze für jemanden anzünden, den das Kind lieb hat, an den Sie miteinander denken wollen. Und in vielen Kirchen gibt es inzwischen kirchenpädagogisches Material, mit dem sie das Gotteshaus mit Kindern entdecken können. Manchmal gibt es sogar Führungen eigens für Kinder.

Mich berührt oft, wie sehr Kinder spüren, dass in Kirchen schon viele Menschen vor ihnen waren. Dass Kirchen oft groß und besonders schön sind, ist mir besonders bewusst geworden an der Kathedrale auf Mallorca. Als sie erbaut wurde, lebten nur 1500 Menschen auf der Insel, aber 6000 passen in die Kirche. 19,50 Meter ist das Mittelschiff breit – eine architektonische Meisterleistung! Mir ist das nur ein Beispiel dafür, dass ein Gotteshaus nicht einfach irgendein Raum ist und es nicht nur darum geht, ihn mit Menschen zu füllen. Wir müssen uns vorstellen: die Inselbewohner damals wohnten in geduckten kleinen Häuschen, alle in einem Raum, beengt, die Decke zum Greifen nah. Was war es da für eine sinnliche Erfahrung, in die Kathedrale zu kommen: So weit ist Gottes Raum! So groß ist Gottes Herrlichkeit!

Die Antwort auf die Frage des Kindes ist natürlich so eindeutig nicht. Gott lässt sich nicht auf die Kirche beschränken. Ich kann Gott auch spüren, wenn ich allein im Wald bin. Aber wichtig ist mir, dass wir Kindern vermitteln: Das Christentum ist eine Gemeinschaftsreligion. Das berühmte Lied, das Menschen angeblich so gern für sich allein im Wald singen, heißt „Großer Gott, *wir* loben dich". Und so schwer das manchmal ist mit einer Familie, mit einer Gemeinschaft – da gibt es Konflikte und Auseinandersetzungen –, so sehr gehört das Miteinander doch dazu. Auch wenn ich in der Liturgie nicht alles verstehe, so kann ich mich auch dem überlassen, was die Väter und Mütter im Glauben uns überliefert haben.

Als meine Kinder kleiner waren, zwar schon lesen konnten, aber die Predigt manches Mal langweilig fanden, habe ich ihnen oft ein Gesangbuch in die Hand gedrückt und gesagt: „Schau dir die Dichterinnen und Dichter der Lieder an." Und das ist ja wirklich ungeheuer spannend. Wer hat da in welcher Zeit Lieder gedichtet. Paul Gerhardt etwa: Wie großartig dieser Mann, der in tiefsten Krisen so wunderbare Texte gemacht hat. Ein Kind kann sich in die Liturgie, denke ich, sehr gut eingewöhnen. Kinder können Rituale sehr intensiv aufnehmen. Ich kann Sie nur ermutigen, Ihr Kind mit in Gottesdienste zu nehmen. Manches Kind lernt so früh, den Gottesdienst und das Abendmahl lieb zu gewinnen. Das setzt tiefe Wurzeln.

In jedem Fall: Gehen Sie mit Ihrem Kind auf Kirchenentdeckungsreise. Aus dem genauen Hinsehen, aus dem Staunen wird ein Gespräch. Und so erkennen wir auch, dass der Glaube der Menschen eben auch verschieden ist, sich in den unterschiedlichen Jahrhunderten immer wieder auch andere Vorstellungen von Gott machte.

Lieber Gott,
du hast mich und die anderen Menschen erschaffen.
Dafür freue ich mich.
Ich finde es auch toll, dass es die Kirche gibt,
in der man zu dir beten kann und Stille findet.
Danke, lieber Gott.
Amen.
Franziska

„Eins von euch, ich glaube, es war Caroline, hat mal beim Besuch einer scheußlichen Kirche, in die wir euch bei Reisen schleppten, trocken gesagt: „Ist kein Gott drin". Genau das soll in eurem Leben nicht so sein, es soll „Gott drin sein", am Meer und in den Wolken, in der Kerze, in der Musik und natürlich in der Liebe."[10]
Dorothee Sölle in einem Brief an ihre Enkelkinder

---

[10] Dorothee Sölle, zit. n.: Klaus Möllering, Worauf du dich verlassen kannst, Leipzig 1999.

12. Was hat die Kerze mit dem Glauben zu tun?

„Ich bin das Licht der Welt", hat Jesus einmal gesagt (Johannes 8,12). Damit meinte er, dass er in dem Dunkel, das die Welt ja kennt, bei uns sein will, wenn Menschen Angst haben, traurig sind, leiden müssen, oder wenn Krieg herrscht. Hast du das schon einmal erlebt: Wenn du Angst hast und jemand hilft dir, das ist, als ob es plötzlich hell wird und warm. Vielleicht können wir so sagen: Jesus will es hell machen in der Welt, wo es dunkel ist. Dafür stehen die Kerzen.

Am Schönsten ist das am Jahresende, finde ich. Erst kommt der November, es ist dunkel, wir denken an die Toten in den Kriegen der Welt und an Menschen, die im vergangenen Jahr gestorben sind. Danach beginnt die Adventszeit, und wir zünden jede Woche eine weitere Kerze am Kranz an. Und wenn das Jahr am dunkelsten ist, ist schließlich der helle Weihnachtsbaum da mit den vielen Lichtern. Dann feiern wir, dass Jesus geboren ist. Das Johannesevangelium beschreibt das so: das Licht scheint in der Finsternis. Durch Jesus bleibt die Welt nicht im Dunkel. In den Kirchen zünden wir die Kerzen am Altar an, wenn wir Gottesdienst halten. Das soll ein Zeichen dafür sein, dass Jesus bei uns ist, mitten unter uns. In vielen Kirchen gibt es auch kleine Gebetsbereiche, in denen du eine Kerze anzünden kannst. Dazu kannst du dann ein Gebet sprechen. Für jemanden, den du lieb hast. Oder du vertraust Gott mit dem Anzünden der Kerze etwas Besonderes an.

Und weißt du, manchmal können auch Menschen für andere zum Licht werden. Wenn ein alter Mensch etwa sehr allein ist und nicht mehr so viel hinausgehen kann und dann kommt ein Kind wie du und besucht ihn, da geht für ihn Licht auf. Oder *wenn einer krank ist, im Krankenhaus liegt und jemand kommt, hat an ihn gedacht, hat Blumen mitgebracht, auch da wird es heller. So wie Jesus für uns alle das Licht der Welt ist, so können auch wir füreinander die Welt etwas heller machen.*

Für Kinder haben Rituale eine große Bedeutung, ja sie lieben Rituale, und Rituale prägen sie und ihre Erinnerung an die Kindheit. Da können Eltern sehr viel gestalten. Bei meinen eigenen Kindern habe ich erlebt, dass die zuverlässige Wiederholung des Erlebten, das konsequente Aufgreifen des Rituals für sie ganz besonders wichtig war. *Wann* der Weihnachtsbaum geschmückt wird, dass *erst* das Lukasevangelium gelesen wird, eine Strophe aus einem Weihnachtslied gesungen und *dann* die Geschenke ausgepackt werden. Oder Rituale am Geburtstagsmorgen, bei denen wir beispielsweise die Kinder immer mit einem Lied am Bett geweckt haben. Oft, wenn sie schon vor Aufregung wach waren, haben sie sich so lange schlafend gestellt, bis endlich die Familie kam, um zu singen. Und dann gab es ein Gebet am Frühstückstisch und wir haben die Geburtstagskerzen angezündet.

Kerzen geben Ritualen eine besondere Würde. Das habe ich immer wieder auch mit dem Osterlicht erlebt. Manche Menschen entzünden in der Osternacht eine Kerze am Osterfeuer, das den Tod, die Finsternis, den Schrecken des Sterbens vertreiben soll. Ein offenes Feuer vermittelt viel von dieser ursprünglichen Kraft. Am Ostermorgen dann leuchtet das Licht des Osterfeuers in den Osterkerzen. Oder denken wir an das Licht aus Bethlehem, das in die ganze Welt getragen wird, Licht an Licht wird von dort entzündet. Kerzen anzünden und die festliche, feierliche, andächtige Atmosphäre wahrzunehmen, die sie verbreiten: das ist vielleicht so etwas wie das Ursprungsbild eines Rituals überhaupt. Sammlung und Konzentration kommt darin zum Ausdruck, Geborgenheit und Helligkeit.

Für Familien gibt es über das ganze Jahr und zu besonderen Anlässen im Leben viele wunderbare christliche Rituale zu entdecken, mit oder ohne Kerzen. In der Adventszeit sind da zum Beispiel die Barbarazweige, Zweige mit Blütenknospen, die am 4. Dezember in die Wohnung geholt werden und dann zum Weihnachtsfest blühen. Die Lebkuchen, die wir in der Adventszeit backen und die mit ihren Zutaten an viele Traditionen und Aussagen erinnern. Oder auch Pfingsten: den Tag als Fest schmücken mit der ganzen Freude des Heiligen Geistes, der Freude der Schöpfung, die wir im Frühling erleben. In den Herbst fällt das Martinsfest mit den Laternen und der Geschichte jenes Mannes, der seinen Mantel teilte: eine eindrückliche Geschichte schon für ganz Kleine.

Ich kann Eltern nur ermutigen, schon sehr früh mit Kindern diese Rituale einzuüben. Sie werden die Kinder ein Leben lang begleiten. Noch als Erwachsene erinnern wir uns ja daran, wie zu Hause Weihnachten gefeiert wurde, was zu welchen Zeiten wichtig war. Und viele Rituale halten wir auch weiter ein, selbst wenn die Kinder längst erwachsen sind. Auch wenn drei meiner Kinder schon aus dem Haus und erwachsen sind, schicke ich ihnen einen selbst gefüllten Adventskalender und einen Nikolausstiefel. Rituale gliedern das Leben, den Jahreskreis und auch den Lebenskreis. Wichtig an ihnen ist die Wiederholung, die eine Vertiefung in unserer Seele bewirkt. Rituale sind für den Glauben wichtig. Aber sie vermitteln auch Kultur. Und sie stärken den Menschen, geben Sicherheit, weil sie eben wiederkehren – sie sind kleine Inseln des Trostes, des Halts, der Freude: von denen aus man auch wieder gut neu aufbrechen kann.

Beim letzten Weihnachtsgottesdienst, den ich gehalten habe, hockte ein kleiner Junge zu meinen Füßen. Als die Kirchenvorsteherin begann, Lukas 2 zu lesen: „Es begab sich aber zu der Zeit ...", stöhnte der Junge und sagte: „O Mann, kenn' ich alles schon!" Ich habe gesagt: „Weißt du, ich höre das jetzt so schon im 47. Jahr in einem Weihnachtsgottesdienst. Das ist doch schön, darauf kannst du dich verlassen, dass diese Geschichte jedes Jahr am Heiligen Abend gelesen wird. Und du wirst sie jedes Jahr neu hören, weil du dich veränderst." Er hat mich mit großen Augen angesehen – ob er verstanden hat, was ich meinte, weiß ich nicht. Aber Rituale brauchen eben die Zuverlässigkeit der Wiederholung. Sie vertragen keine ständige Innovation. Sie widersetzen sich der Eventkultur. Und ich bin überzeugt, dass Kinder gerade diese Zuverlässigkeit brauchen.

Vielleicht ist das in der Adventszeit tatsächlich am schönsten zu sehen. Wartenkönnen fällt vielen Menschen ungeheuer schwer. Deshalb essen sie halt gern schon im Spätsommer Spekulatius, es gibt sie dann ja im Supermarkt. Das ging im letzten Jahr so weit, dass es zwar im August schon Weihnachtsplätzchen gab, als ich aber am 22.12. noch Spekulatius kaufen wollte, waren sie in allen fünf Geschäften, in denen ich nachgefragt habe, ausverkauft. Mir geht es dabei nicht um die Kekse, sondern um die Rhythmen. Rhythmen und Rituale tun schlicht gut. Dann freue ich mich auf den ersten Advent, das erste Türchen am Kalender. Dann ertrage ich, dass Karfreitag ein stiller Tag ist, ohne Remmidemmi, Kino oder Shopping. Und weiß, am Ostermorgen wird das Schweigen gebrochen, da werden Eier an die Zweige gehängt aus Freude über neues Leben, das kommen soll. Was Menschen in der Passionszeit mit grellbunten Eiern im Vorgarten aussagen wollen, bleibt mir schleierhaft.

Das Geheimnis, das Warten, das Erhoffen, das Ersehnen macht das Leben doch auch wunderbar, wertvoll, besonders. Was für ein Genuss kann die Vorfreude sein! Nicht jetzt schon, aber dann! Nicht jeder Tag ist gleich. Alles hat seine Zeit. Das ist eine tiefe Weisheit der Bibel! Und sie wird gerade mit dem Entzünden von Kerzen erkennbar. Jesus als das Licht der Welt macht die Welt heller. Eine Kerze entzünden ist eine Art Kernritual. Der helle Schein bringt Licht, Freude, Wärme und Trost in unser Leben.

Lieber Gott, die Kerze ist wie unser Leben.
Und so wie die Kerze abbrennt,
so brennt auch unser Leben ab.
Aber lass unser Leben nicht durch einen
Krieg erlöschen,
sondern lass es ganz natürlich abbrennen.
Ich hoffe, dass es den Kindern in den Kriegsgebieten
besser geht
und dass sie kein verseuchtes Wasser mehr trinken
müssen. Amen.
Julia

Wir sagen euch an den lieben Advent.
Sehet die erste Kerze brennt!
Wir sagen euch an eine heilige Zeit.
Machet dem Herrn den Weg bereit.
Freut euch ihr Christen, freuet euch sehr!
Schon ist nahe der Herr.
Maria Ferschl

13. Warum gibt es den Tod?

Ein alter Mann, den ich sehr gern hatte, hat mir einmal gesagt: „Wenn das Leben hier auf der Erde kein Ende hätte, das wäre doch scheußlich!" Darüber habe ich viel nachgedacht. Wenn alle Menschen immer weiterleben würden, das wäre auch eine merkwürdige Vorstellung. Der Tod ist oft unendlich traurig. Wir müssen dann Abschied nehmen. Aber der Tod ist ein Teil des Lebens. Wir werden geboren, wachsen heran, werden erwachsen, dann alt und sterben. Manche sterben früher, manche später. Aber das ist gar nicht so entscheidend. Gott schenkt dir und mir ein Stück Lebenszeit. Und Gott wünscht sich, dass wir diese Zeit so gut es geht ausfüllen. Ein „Leben in Fülle" soll es sein, hat Jesus einmal gesagt. Dann endet unser Leben hier. Aber nicht als Endpunkt. Ich stelle mir den Tod eher als Doppelpunkt vor: da kommt etwas Neues. Er ist kein Ende, sondern ein Übergang. Ich bin überzeugt, das Leben geht bei Gott weiter. Und die Menschen, die wir lieb haben, behalten wir im Herzen.

Wir sollten nicht unterschätzen, welchen Stellenwert das Thema Tod bei Kindern hat. Wir müssen uns Zeit nehmen, mit ihnen darüber zu reden. Und wir sollten ihnen Erfahrungen ermöglichen mit dem Tod. Viele Eltern versuchen, ihre Kinder vor dem Tod zu schützen, sie fern zu halten. Aber das ist nicht hilfreich, denke ich. Das fängt schon mit den Haustieren an. Es ist für Kinder furchtbar traurig, wenn das geliebte Meerschweinchen, der Hamster oder der Hund stirbt (vgl. S. 43 f.). Für uns Erwachsene oft ja auch. Da dürfen doch Tränen sein und Trauer. Noch viel dramatischer ist der Tod eines Menschen den wir kennen oder gar lieb haben. Orte der Trauer sind wichtig für Kinder wie für Erwachsene.

In Hannover wurde Anfang 2006 eine Ausstellung eröffnet mit dem Titel „Erzähl mir was vom Tod". Kinder, aber auch Erwachsene können sich mit Hilfe verschiedener Stationen nicht nur über unterschiedliche Mythen und Bräuche informieren, sondern sich auch austauschen. Sie haben die Möglichkeit, sich ein Bild vom Tod zu machen. Begleitend ermöglichen Theaterstücke, Lesungen, musikalische Aufführungen, behutsam in ein Gespräch über das Sterben zu kommen. Das finde ich eine hervorragende Idee, die vielen hilft, die nicht wissen, wie sie anfangen sollen, mit ihren Kindern über Sterben und Tod zu sprechen.

Eine Hinführung zum Tod kann auch der Besuch eines Friedhofs sein. „Heimat ist da, wo ich die Namen der Toten kenne", hat Fulbert Steffensky einmal gesagt. Das hat mir sehr gefallen. Wir verscharren unsere Toten nicht irgendwo in einer Ecke, wir verstreuen ihre Asche nicht anonym, wir behalten ihre Namen im Gedächtnis und haben auch einen realen Ort für ihn, weil wir glauben, dass auch Gott ihre Namen ins Buch des Lebens geschrieben hat. Auf einem Friedhof können wir das selbst gut erfahren und unseren Kindern zeigen. Wir können an den Grabsteinen sehen, wie kurz oder wie lang ein Leben war, auch bei Fremden. Und bei eigenen Familienmitgliedern oder Menschen, die wir kannten, erzählen, wer das war, welche Erinnerungen wir haben. Wir können die Geschichten vom Leben und Sterben aus unseren Familien oder von Freunden erzählen, die wir kennen. Das zeigt: Wir vergessen die Toten nicht, sie bleiben ja Teil unseres Lebens. Wir erinnern die Namen und haben Orte der Trauer. Ich erinnere mich, dass ich, während meine Mutter die Gräber versorgte, als Kind auf dem Friedhof oft zum Bereich der Kindergräber ging, weil es mich faszinierte, dass dort Kinder begraben waren, die jünger gestorben waren als ich selbst war. Die eigene Endlichkeit wurde so greifbar. Das habe ich nicht so sehr als erschreckend wahrgenommen, sondern vielmehr als einen Teil des Lebens begriffen.

Vielleicht gibt es auch eine Möglichkeit, ein Kind zur Beerdigung mitzunehmen, wenn jemand aus dem weiteren Bekanntenkreis gestorben ist, ein Nachbar vielleicht, eine entfernte Tante. Dann ist mit mehr Distanz das Ritual zu erleben, mit dem wir unsere Toten bestatten. Darüber kann dann auch leichter gesprochen werden. Wenn eines Tages jemand aus dem näheren Familienkreis stirbt, werden die Kinder das Ritual sehr gut wiedererkennen. Ich erinnere mich, dass ich mit einer meiner Töchter einmal lange darüber gesprochen habe, was der Satz bedeutet, den der Pastor oder die Pastorin bei der sogenannten Aussegnung spricht: „Der Herr behüte deinen Ausgang und Eingang von nun an bis in Ewigkeit": Weil wir an dieser Stelle „hinaussegnen" aus diesem Leben und darauf vertrauen, dass dieser Mensch Eingang bei Gott findet.

Zur Beerdigung gehört auch das Abschiednehmen am Grab. Meine Erfahrung ist, dass Kinder das gut verkraften, wenn sie vorbereitet sind, wenn sie wissen, was zu tun ist – eine Blume ins Grab zu werfen oder dreimal eine kleine Schaufel voll Erde. Auch Beileidsbekundungen am Grab gehören ja dazu, davon sollte, wenn irgend möglich, eben nicht abgesehen werden. Kurzum: Führen Sie Ihre Kinder behutsam an das Thema heran, wenn die Frage kommt. Und wenn in der Familie eine Beerdigung ansteht, sprechen Sie das offen an, erklären Sie, was ablaufen wird, nehmen Sie Ihr Kind in jedem Fall mit. Wer Kinder davon ausschließt, lässt sie auch sehr allein, etwa mit der Frage: Wo ist der Opa jetzt, was ist geschehen? Die Fantasien, die da entstehen, können sehr belastend sein. Rituale helfen uns, der Trauer Formen zu geben, sie zu bewältigen. Das habe ich auch erlebt, wo Kinder gestorben sind und den Freundinnen und Freunden, den Mitschülern und Mitschülerinnen die Möglichkeit gegeben wurde, den Abschied mitzugestalten. Kerzen anzünden, Gebete sprechen, Briefe der Erinnerung schreiben oder Blumen ins oder auf das Grab legen: das sind einige der Formen, die Kindern helfen, Abschied zu nehmen. Und manche erfinden sie vielleicht auch ganz neu für sich selbst.

Das Wichtigste bei alledem ist aber die Hoffnung, dass der Tod eben nicht das Ende ist, sondern dass Christinnen und Christen an die Auferstehung glauben. Wie sie sein wird, wissen wir nicht, aber wir dürfen darauf vertrauen, dass wir auch nach diesem Leben bei Gott geborgen sind. Und die, die wir betrauern, sie sind vorausgegangen. Wir müssen den Tod nicht verdrängen oder verschweigen, wir können dem Tod ins Auge sehen, weil wir ihm nicht die letztgültige Macht geben, sondern Gott. Von Jesus selbst ist überliefert, dass er gesagt hat: „Und auch ihr habt nun Traurigkeit; aber ich will euch wiedersehen, und euer Herz soll sich freuen, und eure Freude soll niemand von euch nehmen." (Johannes 16,22) Dass also in aller Trauer und in den Tränen, die ein Tod immer mit sich bringt, auch Hoffnung ist, das sollten wir vermitteln. Dass es den Tod gibt, weil es eben das Leben gibt. Geboren werden und Sterben sind Teil des Lebens. Ich denke, Kinder verstehen das ganz gut, wenn wir uns ernsthaft mit ihnen darüber auseinandersetzen.

Lieber Gott,
wir bitten dich, dass Sophie wieder gesund wird.
Dass sie noch acht Jahre alt wird.
Sie leidet an der Blutkrankheit.
Amen.

Ein Jegliches hat seine Zeit,
und alles Vorhaben unter dem Himmel hat seine Stunde:
Geboren werden hat seine Zeit, sterben hat seine Zeit;
pflanzen hat seine Zeit, ausreißen, was gepflanzt ist,
hat seine Zeit;
töten hat seine Zeit, heilen hat seine Zeit;
abbrechen hat seine Zeit, bauen hat seine Zeit;
weinen hat seine Zeit, lachen hat seine Zeit;
klagen hat seine Zeit, tanzen hat seine Zeit;

Steine wegwerfen hat seine Zeit, Steine sammeln hat seine Zeit;
herzen hat seine Zeit, aufhören zu herzen hat seine Zeit;
suchen hat seine Zeit, verlieren hat seine Zeit;
behalten hat seine Zeit, wegwerfen hat seine Zeit;
zerreißen hat seine Zeit, zunähen hat seine Zeit;
schweigen hat seine Zeit, reden hat seine Zeit;
lieben hat seine Zeit, hassen hat seine Zeit.
aus dem Prediger Salomo, Kapitel 3

14. Ist Jesus Gottes Kind oder Josefs Kind?

Ich denke, Jesus war beides. Josef war der Vater, den er erlebt hat. Josef war bei der Geburt dabei, das können wir im Lukasevangelium nachlesen. Josef hat Jesus auch geschützt, als Maria, er und das Kind nach Ägypten fliehen mussten, so erzählt das Matthäusevangelium. Dort wird auch der Stammbaum der Familie von Josef, aus der Jesus ja stammt, aufgelistet.

In der Bibel steht, dass Maria schwanger war vom Heiligen Geist. Ich verstehe das so, dass Maria eine junge Frau war, die sich ganz und gar Gott anvertraut hat. Jesus war eben Josefs Kind, aber auch Gottes Kind. Gott hatte mit diesem Menschen Jesus etwas ganz Besonderes vor. Durch Jesus ist uns klar geworden, wie Gott ist: Gott liebt die Menschen, sieht sie mit Augen der Zuneigung an, egal ob sie ganz Großes leisten oder ganz normale, einfache Leute sind, ob sie toll mithalten können im Sport und in der Schule oder ob sie mit einer Behinderung leben müssen oder eben nicht so ganz erfolgreich sind. Und nachdem Jesus gestorben war, ist seinen Freundinnen und Freunden klar geworden, dass bei ihm der Tod nicht das letzte Wort hatte. Gott als der Vater von Jesus war ihm im Leben, im Sterben und im Tod ganz nahe und sein Leben war mit dem Tod nicht zu Ende.

Die Frage der Jungfrauengeburt treibt die Menschen seit Jahrhunderten um. Im hebräischen Denken zur Zeit Jesu spielte sie aber gar keine Rolle. Matthäus zitiert an jener Stelle, die so oft genannt wird (1,23), die griechische Übersetzung einer Verheißung des Propheten Jesaja (7,14), eines hebräischen Textes. Dort wird vorausgesagt, dass eine „junge Frau" (hebräisch „alma"), schwanger werden wird. Bei Matthäus wird die „alma" mit dem griechischen Begriff „parthenos" übersetzt, in dem das ganze griechische Denken von Jungfräulichkeit mitschwingt. Im hebräischen Original aber steht das Wort „junge Frau". Der jüdischen Glaubenswelt war offensichtlich der Gedanke einer Jungfräulichkeit im körperlichen Sinne eher fremd. Im griechischen und ägyptischen Umfeld allerdings gehörte sie zu manchem Heldenepos. Bei Matthäus wird schließlich auch der Stammbaum Jesu von Abraham über David bis Josef abgeleitet (Matthäus 1,1ff), was wenig Sinn machen würde, wenn Josef nicht der Vater wäre. Erst mit der Entwicklung des Christentums gewann der Gedanke der Jungfräulichkeit an Bedeutung, wurde Maria von der jungen Frau, die mutig gesungen hat: „Gott wird die Gewaltigen vom Thron stoßen" (Lukas 11,52) zur Himmelskönigin, Gottesgebärerin, ewigen Jungfrau. Dabei heißt es bei Lukas auch klar, sie gebar ihren *ersten* Sohn, und von den Geschwistern Jesu ist immer wieder die Rede.

Eine Fixierung auf körperliche Jungfräulichkeit hat auch ein Frauenbild transportiert, das biblisch nicht belegt ist. Es kontrastiert eine heilige Maria mit einer „sündigen Eva". Für Jesus ist eine Frau nicht weniger wert als ein Mann. Eine ganze Geschichte der Sexualitätsfeindlichkeit und Frauenunterdrückung hat sich an falsch verstandene Jungfräulichkeit angeschlossen. Sexualität ist biblisch gesehen nicht Sünde, sondern Geschenk Gottes. Zur Sünde wird sie, wenn andere in ihrer Würde verletzt werden oder verantwortungslos gehandelt wird.

Die Geburt eines Kindes ist ein Wunder. Und die Geburt jenes Gotteskindes bleibt in vielem ein Geheimnis. Für mich ist Maria eine junge Frau, die auf wundersame Weise die Mutter des Gottessohnes wurde. Eine junge Frau, die insofern Jungfrau war, als sie gar nicht so viel nachgefragt hat, als Gott ihr gesagt hat: Du wirst ein Kind bekommen, ein ganz besonderes Kind. Vielleicht können wir sagen: Sie war offen für Gottes Handeln, für Gottes Heiligen Geist. Gott selbst kommt in die Welt, es geht um Glauben allein – dafür kann „Jungfrauengeburt" eine

Umschreibung sein. Deshalb kann ich diesen Satz im Glaubensbekenntnis auch heute gut mitsprechen.

Wenn nun Kinder fragen, ob Jesus Gottes Kind oder Josefs Kind war, spielt dabei vielleicht auch eine Rolle: Wo gehöre ich hin? Viele Kinder müssen heute mit dem Verlust des Vaters leben, auf ganz andere Weise als etwa die Generation von Kindern, die den Vater im Ersten oder Zweiten Weltkrieg verloren haben. Viele Väter sind allzu oft für die Kinder nicht greifbar, bei einer Trennung oder Ehescheidung liegt das Sorgerecht oft allein bei der Mutter. Einerseits ist es bei der Beantwortung einer solchen Frage gut, denke ich, die Vaterbeziehung zu stärken. Ja, Jesus war Josefs Kind. Bei Josef, dem Schreiner, wird er manches Mal in der Werkstatt gesessen haben. An Josefs Hand wird der kleine Jesus gelaufen sein. Wir sollten Josef, der in der Bibel so an den Rand gestellt wird, nicht unterschätzen. Väter haben großen Einfluss auf ihre Söhne und Töchter.

Und gleichzeitig ist es trostreich zu wissen: Ich bin immer auch Gottes Kind. Gott liebt die Kinder, und in Jesus sehen wir, wie sich Gott der Kinder annimmt. Gott ist wie ein Vater oder eine Mutter, die dich lieb haben. Manche Kinder fragen weiter: Wie kann Jesus denn dann auch Gott selbst sein? Ich denke, wir können immer nur insoweit antworten, als wir sagen: Über Jesus erhalten wir Zugang zu Gott. Wir sind Menschen aus den – damals so gesehenen – „Heidenvölkern", nämlich nicht Jüdinnen oder Juden. Jesus hat den Weg zu diesem Gott auch für andere eröffnet, für solche wie uns. Insofern erkennen wir in Jesus Gott, und Jesus ist Gottes Sohn.

Was die alten Kirchenväter mit den Worten „wahrer Mensch und wahrer Gott" überschrieben haben, bleibt bis heute ein großes Geheimnis. Besser als die Kirchenväter kann ich es aber auch nicht ausdrücken. Insofern können wir Kindern vielleicht auch diese Ambivalenz weitergeben: Ja, er war Mensch, er hat Laufen gelernt, er musste Lesen und Schreiben lernen, er hat gelitten, er hat sich gefreut, er war wahrer Mensch. Und gleichzeitig war er eben auch Gott, weil durch ihn Gott selbst erkennbar wurde. Kindern von diesem Geheimnis zu erzählen, über diese Fragen mit ihnen in ein Gespräch zu kommen, ist sicher nicht einfach, aber Kinder sind auch offen dafür, dass nicht alles erklärbar ist.

Lieber Vater im Himmel,
ich denke an meinen Papa, der nicht mehr lebt.
Ich bin ganz traurig darüber.
Gott, hilf uns mit unserer Trauer besser fertig
zu werden.
Behüte meine Mutter, meinen Bruder und Frau Grau,
Frau Afsari und Herrn Gläßer. Amen.
Nico

Der Segen des Gottes von Abraham und Sarah
Der Segen des Sohnes, von Maria geboren
Und der Segen des Heiligen Geistes,
    der über uns wacht wie eine Mutter über ihre Kinder
Sei mit dir.

15. Was ist Segen?

Hast du schon mal gehört, dass jemand beim Abschied sagt: „Ade"? Das kommt von „adieu" und dies wiederum meint so etwas wie „sei Gott befohlen". Das ist ein Gruß, der Segen wünscht. In Bayern sagen viele Menschen „Grüß Gott", das heißt „Grüß dich Gott" bzw. „Gott segne dich". Wenn wir jemandem Gottes Segen wünschen, dann wünschen wir ihm, dass Gott bei ihm ist, ihn behütet und bewahrt, ja auch stärkt. Als Pastorinnen und Pastoren segnen wir am Ende jedes Gottesdienstes die Gemeinde. Hast du diesen Segen schon einmal gehört? Er wird aaronitischer Segen genannt, weil dies der Segen ist, den – so erzählt es die Bibel – Gott selbst Mose und seinem Bruder Aaron, dem ersten Priester des Volkes Israel, mit auf den Weg gab. Er sollte Aaron und seinen Söhnen erklären, dass sie mit diesen Worten segnen:
„Der Herr segne dich und behüte dich;
der Herr lasse sein Angesicht leuchten über dir
und sei dir gnädig;
der Herr hebe sein Angesicht über dich
und gebe dir Frieden." (Mose 6,24ff.)

Gott sagt, wenn wir so segnen, dann wird auch Gott segnen, das heißt, das, was wir Menschen zusagen, nämlich die Begleitung Gottes, wahrmachen. Segen tut uns gut, es ist wichtig zu wissen, dass Gott mit uns gehen will.

In der Bibel spielt der Segen zwischen Eltern und Kindern eine große Rolle. In der Jakobsgeschichte (1. Mose 27-33) können wir sehen, dass es sogar Streit um den Segen gab zwischen den Zwillingen Jakob und Esau. Das ist eine spannende Geschichte für Kinder! Sie zeigt, wie menschlich es in den Vätergeschichten Israels zugeht. Beide Söhne wollen den Segen des Vaters für den Erstgeborenen, und die Mutter Rebekka verbündet sich mit dem zweitgeborenen Zwilling Jakob, der luchst ihm dem Vater ab. Offensichtlich gab es auch damals Vorlieben der Eltern für das eine oder das andere Kind: der Vater liebte Esau besonders, die Mutter Jakob. Es wird viele, viele Jahre dauern, bis die beiden Brüder sich versöhnen. Segen kann ein Mensch sich offenbar nicht „erschleichen". Der Segen der Eltern für die Kinder ist der Bibel immer wieder wichtig.

Es ist interessant, dass Kinder nach Segen fragen. Vielleicht spüren sie, wie wichtig diese Zusage, dass Gott sie begleiten soll, für sie ist, gerade wenn sie erwachsen werden und manches auch mit sich allein ausmachen müssen. In der Bibel wird ausdrücklich erzählt, dass Jesus die Kinder segnet. Das war durchaus nicht „normal". Kinder hatten damals einen eher geringen Status, sie wurden nicht besonders ernst genommen. Die Jünger wollten deshalb die Kinder, die sich um Jesus herum drängelten, auch verscheuchen. Jesus aber sagte: „Lasset die Kinder und wehret ihnen nicht, zu mir zu kommen; denn solchen gehört das Himmelreich. Und er legte die Hände auf sie ..." (Matthäus 19,14).

Die Zusage von Segen und das Empfangen von Segen sind immer getragen von Gottvertrauen. Segen ist eine Art Beziehungskreislauf zwischen Gott und den Menschen. Jeder kann dem anderen Segen zusprechen. Wir hoffen darauf, dass Gott selbst segnet und sich dem gesegneten Menschen zuwendet. Gottes Begleitung wird durch Segen erbeten.

Besondere Segenshandlungen finden immer dann statt, wenn Übergänge im Leben gefeiert werden. Es gibt einen eigenen Segen für das Kind bei der Taufe und auch für die ganze Tauffamilie. Jugendliche werden „eingesegnet" bei der Konfirmation oder der Firmung, weil sie jetzt selbstständige Mitglieder der Gemeinde werden. Der Segen für das Brautpaar für den gemeinsamen Lebensweg will Gottes Beistand in guten und in schweren Zeiten zusprechen für die Ehe, die beginnt. Und bei der Trauerfeier gibt es eine Aussegnung, mit der wir den Menschen, der verstorben ist, nun der Ewigkeit Gottes anvertrauen. Inzwischen gibt es auch Segnungsgottesdienste, bei denen einzelne Menschen vortreten können, sie können dem Pastor oder der Pfarrerin, wenn sie mögen, kurz ein Anliegen sagen, und mit aufgelegter Hand gesegnet werden. Ich habe das als sehr bewegend erlebt. Auch Salbungsgottesdienste gibt es, da wird die Segensgeste mit feinem Öl ausgeführt und dadurch „greifbarer". Als Erwachsene werden wir selten einzeln gesegnet, gerade deshalb sind solche Gottesdienste für viele wichtig, sie können dort Segen ganz persönlich wahrnehmen.

Es gibt auch den Segen für ein Haus, der erbeten wird, etwa beim Einzug oder bei der Einweihung. Wichtig ist vielen Menschen ein Reisesegen. Manches Mal haben früher Eltern die Kinder gesegnet, haben ihnen ganz bewusst Gottes Segen zugesprochen, wenn sie „in die Fremde" gingen. Auch das war eine Art Reisesegen. Ich finde schön, wenn Menschen das auch heute praktizieren, entweder, wenn Vater oder Mutter auf eine Reise gehen und Abschied von den Kindern nehmen oder wenn Kinder selbst auf Reisen gehen – das fängt ja beim Ferienlager an – oder auch bei gemeinsamen Reisen. Dass Gott uns begleiten möge in die Fremde, da sein möge, wenn mein Kind oder meine Eltern allein sind, das ist ein wohltuender Gedanke. Vielleicht können Sie mit Ihrem Kind ja ein Ritual einführen, indem sie vor einer Reise gemeinsam ein Segensgebet sprechen. Oder vor dem Abflug miteinander in die Flughafenkapelle gehen. Oder „Adieu" sagen, wenn Sie sich vor der Schule oder dem Kindergarten trennen. Das fällt den anderen vielleicht gar nicht so auf, aber Ihr Kind und Sie wissen, was gemeint ist.

Beim Segen geht es, denke ich, um liebevolle Zuwendung unter den Menschen; einander segnen ist Zeichen einer besonderen Beziehung. Segen empfangen, etwa im Gottesdienst oder in der besonderen Feier, ist auch ein Zeichen, dass wir wissen, wir sind auf Gott angewiesen. Die Geste, die Berührung gibt

Kraft – durch Gottes Segen finden wir Kraft, das Leben zu bestehen. Das werden Kinder sehr gut verstehen, wenn Sie mit ihnen darüber sprechen. Und deutlich machen: auch für uns Erwachsene ist Segen wichtig.

Gottes guter Segen
Ist wie ein warmer Regen.
Wie Sonne, die uns wärmt
Und Kraft, die alle stärkt.
So bleibe Gottes Segen
Auf allen unseren Wegen,
Bis wir uns wiedersehen. Amen.

Möge die Straße dir entgegeneilen,
möge der Wind immer in deinem Rücken sein.
Möge die Sonne warm auf dein Gesicht scheinen
und der Regen sanft auf deine Felder fallen.
Und bis wir uns wiedersehen,
halte Gott dich im Frieden seiner Hand.
Irischer Reisesegen

16. Warum ist Papa weggegangen?

Das ist wirklich schlimm für dich, dass dein Papa weggegangen ist! Bist du sehr traurig? Wann siehst du ihn jetzt? Und wie ist das mit der Mama zur Zeit? Erzähl doch mal!

Ich bin überzeugt, dein Papa hat dich sehr lieb. Weißt du, wenn zwei Menschen sich verlieben, dann sind sie sehr, sehr glücklich. Und oft wünschen sie sich dann, dass aus dem Glück ein Kind wird – das bist du. Und beide, der Papa und die Mama, lieben dieses Kind. Aber dann kann es passieren, dass die beiden sich fremd werden. Wie wenn du eine beste Freundin hast oder einen Freund, und auf einmal ist es nicht mehr so, wie es einmal war. Und dann gibt es nur noch Streit. Das tut dann richtig weh. Und manchmal ist es besser, ein Paar trennt sich. Sie sind dann als Mann und Frau nicht mehr zusammen. Aber für dich bleiben sie dein ganzes Leben lang deine Mama und dein Papa.

Viele Kinderfragen und viele Kindergebete kreisen um Streit zwischen Eltern und Angst vor der Trennung der Eltern. Einerseits ist das verständlich. Bei mehr als 200 000 Scheidungen pro Jahr in Deutschland sind sehr viele Kinder betroffen. Und sehr viele Kinder haben Angst davor, weil sie es bei Freundinnen und Freunden erleben oder auch, weil sie den Streit der eigenen Eltern vor Augen haben. Es ist eine Angst vor dem Verlust der Geborgenheit, der Sicherheit, auch der Zuwendung. Wer versucht, sich in die Seele eines solchen verunsicherten Kindes hineinzuversetzen, wird das verstehen. Wenn Mama und Papa sich trennen – was wird aus mir, wie geht es weiter? Und natürlich ist da die Frage: wer liebt mich, auf wen kann ich vertrauen, auf was kann ich mich verlassen? Diese tiefe Verunsicherung ist gut nachzuvollziehen. Bei älteren Kindern ist die Verunsicherung übrigens nicht geringer. Wenn sie gerade in der Pubertät sind, in der es darum geht, dass sie ihre Rolle finden, möchten sie, dass die Erwachsenen auch ihre Rolle klar wahrnehmen. Eltern sollten sich bewusst sein, dass sie Eltern sind, dass Vater- und Muttersein auch eine Verantwortung mit sich bringt. Wer Kinder in die Welt setzt, muss auch eine Erziehungsleistung erbringen, Verantwortung wahrnehmen, das lässt sich nicht einfach auflösen und ist nicht per Gerichtsentscheid beendet wie eine Ehe.

Eltern, die meinen, sie könnten ihre Auseinandersetzungen völlig vor den Kindern verborgen halten, irren sich. Meines Erachtens produziert es viele Ängste, wenn die Spannung latent in der Luft liegt, für die Kinder spürbar, ja zum Greifen erfahrbar ist, aber nicht darüber gesprochen wird. Da ist es besser, wenn Eltern Wege suchen, die Lage zu thematisieren und den Kindern Raum geben, über ihre Gefühle zu sprechen. Und wenn Eltern es nicht können, dann sollten Großeltern, Freunde, Paten, vielleicht auch Nachbarn die Initiative ergreifen, ihnen einfach eine Möglichkeit geben, darüber zu sprechen. Oft erscheint eine Lage, über die ich mit anderen sprechen kann, gleich viel weniger bedrohlich.

In der Bibel gibt es genügend Erzählungen, die zeigen, wie verworren die Gefühle der Menschen sein können. Etwa die Erzählung über Hagar und Ismael im ersten Buch Mose, Kapitel 16. Sara kann keine Kinder bekommen und sagt ihrem Mann, er solle doch mit Hagar welche haben. Als Hagar dann aber einen Sohn hat, wird Sara eifersüchtig, Hagar überheblich – und Sara sorgt dafür, dass Hagar und Ismael vertrieben werden. In dem ganzen Streit aber schützt Gott die Mutter und das Kind, und steht den beiden, die verstoßen werden, bei. Das ist doch auch heute tröstlich: ihr seid nicht allein, alle Demütigung, alle Verletzung könnt ihr auch Gott anvertrauen.

Mir ist wichtig, Kindern deutlich zu machen: ja, Menschen streiten sich. Das ist leider so, bei Kindern wie bei Erwachsenen. Und Freundschaften halten nicht immer ein ganzes Leben, auch die Liebe nicht. Menschen enttäuschen einander. Ja, es ist möglich, dass zwei, die sich einmal geliebt haben, sich nicht mehr mögen, dass Eltern sich trennen. Aber mit der Liebe zum Kind darf das nichts zu tun haben! Diese Größe erwarte ich von Eltern, dass sie ihr Kind nicht zum Objekt des Streites machen. Die letzte unkündbare Beziehung, die wir in dieser Gesellschaft eingehen, ist die Beziehung zu unserem Kind! Zu dieser Bindung müssen wir stehen, sonst sind wir doch auch selbst wurzel- und heimatlos.

Eltern, die unter einer Trennung leiden, fällt es oft sehr schwer, gut übereinander zu reden. Aber sie sollten es um der Kinder willen tun. Die Kinder sind doch nicht schuld an der Trennung. Vielleicht können sie sich erinnern an die schönen Zeiten des Verliebtseins, erzählen von der Hochzeit oder von der Freude über die Geburt des Kindes. Sie dürfen nicht der Versuchung erliegen, die Kinder zu den besten Freunden zu machen, gar zu Komplizen im Kampf gegen den ehemaligen Partner, die ehemalige Partnerin. Um das zu vermeiden, können auch Freundinnen und Freunde der Familie, Paten und Großeltern viel beitragen. Die verletzten Eltern finden oft nicht genügend Distanz, um den anderen positiv darzustellen, finden keine Kraft, für das Kind eine angemessene Haltung zu beiden Eltern herzustellen. Hier könnte die Gemeinschaft der Familie oder des Bekanntenkreises viel beitragen.

Lieber Gott,
Ich danke dir, dass meine Eltern sich nicht
getrennt haben.
Denn es wäre sehr traurig. Meine Schwester
wäre bei Mama oder bei Papa.
Ich wäre gern bei beiden.
Laura

Die Liebe ist langmütig und freundlich, die Liebe eifert nicht,
die Liebe treibt nicht Mutwillen, sie bläht sich nicht auf,
sie verhält sich nicht ungehörig, sie sucht nicht das Ihre,
sie lässt sich nicht erbittern, sie rechnet das Böse nicht zu,
sie freut sich nicht über die Ungerechtigkeit, sie freut sich
aber an der Wahrheit;
sie erträgt alles, sie glaubt alles, sie hofft alles, sie erduldet alles.
... Wir sehen jetzt durch einen Spiegel ein dunkles Bild;
dann aber von Angesicht zu Angesicht.
Jetzt erkenne ich stückweise;
Dann aber werde ich erkennen, wie ich erkannt bin.
Nun aber bleiben Glaube, Hoffnung, Liebe, diese drei;
Aber die Liebe ist die größte unter ihnen.
aus 1. Korinther 13

17. Wieso muss man in die Schule?

Weil es spannend ist, die Welt zu entdecken und zu verstehen! Lesen können bedeutet, du kannst verstehen, was um dich herum vor sich geht. Und rechnen können heißt, du kannst verstehen, was teuer und was billig ist, wie Dinge zusammenhängen. Stell dir nur einmal vor, du könntest nichts lesen. Ich war einmal in Japan und konnte überhaupt nicht entziffern, was da irgendwo stand, nicht die Bahnstation, nicht die Straßennamen. Das hat mich sehr unsicher gemacht.

In der Schule lernst du auch, mit anderen zusammen etwas zu tun, du kannst Freundinnen und Freunde finden. Ja, ich weiß, da gibt es auch Streit. Und manchmal ärgern Kinder in der Schule einander. Und für die, denen das Lernen nicht so leicht fällt, kann es hart sein. Wer gehänselt wird, wem das Lernen schwer fällt, geht nicht so gerne zur Schule, das verstehe ich schon. Wenn es dir mal so geht, kannst du mit jemandem darüber reden? Mit deinen Eltern oder einer Lehrerin, ganz in Ruhe? Du solltest dich auf jeden Fall einem Erwachsenen anvertrauen, das musst du nicht ganz allein aushalten, da kann dir jemand helfen.

Pipi Langstrumpf sagt ja einmal, sie wolle nur zur Schule gehen, damit sie auch Ferien hat. Vielleicht ist das ja auch ganz richtig. Die Schule ist für die Kinder das, was für die Eltern die Arbeit ist oder die Hausarbeit und sie ist die Aufgabe, mit der sie sich auf das Leben vorbereiten.

Schulsorgen sind schlimm für Kinder – und auch für die Eltern. Neben der Familie ist ab der 1. Klasse die Schule der andere große Schwerpunkt im Leben. Und wenn das belastet ist, wenn ein Kind Angst hat, bei der Schulleistung nicht mithalten zu können oder zum Außenseiter wird, kann das unendlich tief belasten. Schule sollte ja Spaß machen, und nicht umsonst sind bei der Einschulung die Erwartungen hoch – auch die der Kinder! Viele erfahren eine große Vorfreude. Als Eltern können wir diese Freude ganz bewusst teilen, und den ersten Schultag zu einem ganz besonderen machen. Ich freue mich, dass beispielsweise Schulanfängergottesdienste immer mehr Bedeutung gewinnen. Es ist tatsächlich einer der wichtigsten Tage im Leben, ein großer Einschnitt. Dass nun „der Ernst des Lebens beginnt" ist allerdings ein bisschen sehr gestelzt, finde ich. Wenn Kinder bereits im Kindergarten waren, hatte ihr Leben ja auch schon einen bestimmten Rhythmus und eigene Anforderungen.

Mir scheint es wichtig, mit dem Kind in der Schulzeit im Gespräch zu bleiben. Das kann beispielsweise durch das gemeinsame Frühstück geschehen. Immer wieder habe ich Kinder in der Schule getroffen, die nicht gefrühstückt hatten, mit denen anscheinend auch niemand aufstand. Das ist eine Missachtung! Kinder sollten „auf den Weg gebracht" werden. Und wenn es möglich ist, dass jemand zu Hause ist, wenn die Schule aus ist, dann ist das großartig. Am Mittagstisch ablassen können, was in der Schule an Erfahrungen zu verarbeiten war, tut gut. Wo das nicht möglich ist, sollte das gemeinsame Abendessen der Zeitpunkt dafür sein. Dann verlieren wir als Eltern auch den Faden nicht, wissen, wer welcher Lehrer ist und welche Freundin und was in Mathe gerade dran ist.

Ich muss zugeben, als meine Kinder älter wurden, so ab der 9. Klasse, kannte ich auch nicht mehr jeden Lehrer, jede Lehrerin; Kinder müssen ab einem bestimmten Alter auch selbstverantwortlich mit den Lernanforderungen umgehen. Bis dahin aber brauchen Kinder ihre Eltern und die Eltern auch das Gespräch mit den Lehrerinnen und Lehrern. Nur so können wir rechtzeitig sehen, was schief läuft. Und das kann gravierend sein. Es kann zum Beispiel notwendig sein, dass Kinder auf dem

Schulweg begleitet werden. Ich habe erlebt, dass mehrere Eltern das für eine ganze Kindergruppe organisiert haben, richtig nach Plan.

Wir sollten auch nicht unterschätzen, wie sehr Kinder leiden, wenn sie ausgegrenzt sind. Da ist vielleicht Vermittlung notwendig, ein Gespräch in der Klasse. Und wenn die schulischen Leistungen den Erwartungen nicht entsprechen, dann helfen sicher keine Drohungen. Dann hilft nur Anerkennung der Leistungen, die möglich sind, mit dem Kind lernen, Lernhilfen geben, aber gegebenenfalls auch Grenzen anerkennen. Kinder, die nur unter Druck stehen, können auch nicht mehr leisten. Kinder sollten wissen, dass ihre Eltern sie lieben, auch wenn sie nicht so leistungsfähig sind wie andere. Es gibt viele Gaben, die Gott braucht in unserer Welt, die aber eben unterschiedlich sind. Paulus beschreibt das im ersten Korintherbrief sehr schön mit Blick auf die Gemeinde: nicht jeder kann Auge sein, nicht jede Ohr, aber für einen ganzen Körper ist eben beides wichtig. So ist das auch mit einem Gemeinwesen, es werden verschiedene Gaben gebraucht.

Allerdings ist unterschiedliche Begabung natürlich keine Entschuldigung für Faulheit (wobei: mal faul sein, kann auch sehr entspannend wirken!). Gott hat uns ja auch Gaben und Leistungsfähigkeit gegeben, damit wir sie einbringen. Es kann schon schwer sein, mit Kindern zu lernen, die Geduld zu behalten, darauf zu bestehen, dass Hausaufgaben gemacht werden. Hier werden feste Verabredungen gelten müssen, und zwar von Anfang an. Nicht, dass ich da bei meinen Kindern alles richtig gemacht hätte! Aber eine gewisse Zuverlässigkeit, dass die Hausaufgaben erledigt werden, dass die Hefte und Mappen nicht ein einziges Chaos sind, dass pünktliches Ankommen in der Schule wichtig ist, das muss klar sein. Auch da sind die Eltern wieder entscheidendes Vorbild. Wenn Sie selbst Pünktlichkeit nicht so ernst nehmen, können Sie das nicht von Ihren Kindern verlangen. Wenn Sie über einen Lehrer lästern, können Sie nicht erwarten, dass Ihr Kind ihn als Respektsperson wahrnimmt. Das alles gesagt, will ich aber auch betonen: Es darf auch etwas Leichtigkeit geben im Leben. Nur Strenge, nur Kontrolle machen nicht besonders lebenslustig. Niemals „über die Strenge schlagen" – es wäre merkwürdig, wenn ein Kind das nicht auch einmal täte.

Und schließlich: Schulsorgen und -situationen sind je nach Alter sehr verschieden, das ist klar. Deshalb können wir nur begleitend mitgehen und immer wieder darum ringen, dabei zu bleiben, damit unsere Kinder sich nicht zurückziehen und vor uns verschließen. Manches Mal werden wir uns auch fragen müssen, ob Schulprobleme vielleicht eine Ursache in Elternproblemen haben. So manche psychologische Beratung macht darauf aufmerksam, dass die Schulnöte ein Hilferuf sind, weil es zu Hause Probleme gibt. Das können wir bewusst wahrnehmen. Und den Kindern immer wieder Mut machen, wenn sie verzagt sind, immer wieder neu nach Wegen suchen, dass ihre Schulzeit eine gute Zeit im Leben ist, eine Zeit des Lernens, des Wachsens und der guten neuen Erfahrungen.

Lieber Gott, warum kann ich nicht so gut rennen?
Warum bin ich in Sport nicht so gut?
Warum kann ich keine Rolle?
Diese Fragen kann ich nicht beantworten.
Hilf mir doch bitte, ja? Danke.
Kira-Lynn

Mache mich zu einem Werkzeug deines Friedens,
   dass ich liebe, wo man hasst;
   dass ich verzeihe, wo man beleidigt;
   dass ich verbinde, wo Streit ist;
   dass ich die Wahrheit sage, wo Irrtum ist;
   dass ich Glauben bringe, wo Zweifel droht;
   dass ich Hoffnung wecke, wo Verzweiflung quält;

dass ich Licht entzünde, wo Finsternis regiert;
dass ich Freude bringe, wo der Kummer wohnt.
Lass mich trachten,
nicht, dass ich getröstet werde, sondern dass ich tröste;
nicht, dass ich verstanden werde, sondern dass ich verstehe;
nicht, dass ich geliebt werde, sondern dass ich liebe.
Denn
wer sich hingibt, empfängt;
wer sich selbst vergisst, findet;
wer verzeiht, dem wird verziehen; und
wer stirbt, erwacht zum ewigen Leben.

nach Franz von Assisi

18. Warum haben nicht alle die gleiche Religion?

Menschen haben sehr verschiedene Vorstellungen von Gott. Die haben sich zum Teil entwickelt, weil die Gewohnheiten und Lebensweisen der Menschen so verschieden sind. Wie stellst du dir Gott vor? Viele denken an einen alten Mann mit weißem Bart. Als ich das erste mal eine Darstellung von Gott als jungem schwarzen Mann gesehen habe, war ich ganz erschrocken. Aber warum sollte Gott unseren Vorstellungen entsprechen?

Wie Gott ist, das kann ich nicht festlegen. Deshalb respektiere ich andere Religionen. In ihnen suchen Menschen ihren Weg zu Gott. Anders als die fernöstlichen Religionen glaube ich, dass Gott ein persönliches Wesen ist, nicht irgendein unbestimmtes Sein. Die Muslime verstehen Gott so, wie der Prophet Mohammed es ihnen im Koran erklärt hat. Mit den Jüdinnen und Juden teilen wir als Christinnen und Christen die Beschreibungen Gottes im hebräischen Teil unserer Bibel, die wir Erstes oder Altes Testament nennen.

Vielleicht ist der eine Gott in allen Religionen zu finden, das weiß ich nicht. Aber für mich gibt es nur über Jesus Christus einen Weg zu Gott. Und dieser Jesus hat uns einiges mit auf den Weg gegeben, was uns von anderen unterscheidet. Zum Beispiel, dass Frauen genauso viel wert sind wie Männer. Dass jeder Mensch geachtet werden muss, ob er gesund ist oder krank, stark oder schwach. Ja, dass Gott wohl manchmal die Schwachen und Armen ganz besonders liebt.

Nur durch Jesus kann ich Gott verstehen. Das muss andere nicht verletzen, das ist mein Glaube. Und der Glaube von mehr als zwei Milliarden Menschen in Afrika, Asien sowie Nord- und

Südamerika. Die christliche Religion hat Menschen in der ganzen Welt überzeugt: durch Jesus finden wir Gott. Ich bin froh, zu dieser Familie zu gehören. Wie dann alles letztlich zusammenhängt, das verstehen wir wahrscheinlich erst, wenn wir direkt bei Gott wohnen.

Was für eine schwierige Frage! Sie wird natürlich auch deshalb immer häufiger gestellt, weil unsere Kinder heute damit konfrontiert sind, dass es verschiedene Religionen gibt. Früher war klar: Wer in unserem Land lebt, ist Christ. Heute gibt es beispielsweise viele Muslime, die sehr klar und entschieden für ihren Glauben eintreten. Ich habe in Schulen erlebt, dass die christlichen Kinder sehr darauf gewartet haben, dass ich mal sage, unser Glaube ist auch etwas Gutes und Starkes. Heute gibt es häufig eine Verunsicherung des eigenen Glaubens durch die Konfrontation mit einem anderen.

Es wird wichtig sein, Kinder im eigenen Glauben zu stärken, ohne den Glauben anderer respektlos zu behandeln. Allzu oft wird aber auch gesagt, alles sei schon „irgendwie" ein Gott. Das ist eine zu einfache Antwort. Wir können eher sagen, dass der Mensch auf der Suche nach Gott ist und die Vorstellungen des Menschen sich manches Mal in die religiösen Vorstellungen einnisten. Und dass wir hineinwachsen in einen Glauben, den unsere Familien uns vermitteln, den sie als die Wahrheit Gottes erkannt haben. Das verstehen Kinder durchaus. Und auch für das Christentum können wir das zeigen. Der Weihnachtsbaum hat seinen Ursprung nicht in der Bibel. Aber weil die Menschen sich im europäischen Winter so nach Grün und Licht sehnen, kamen sie auf die wunderbare Idee, Grünes in die Häuser zu holen, mit Kerzen zu schmücken und das mit dem christlichen Glauben zu verbinden.

Es wird wichtig sein, Kinder erst einmal im eigenen Glauben zu vergewissern. Wenn ich weiß, was ich glaube, habe ich auch weniger Angst vor der Begegnung mit fremdem Glauben. Es kommt mir merkwürdig vor, wenn Menschen, die der christlichen Kirche angehören, eine Moschee oder eine Synagoge besuchen, ohne eine Kirche zu kennen. Ein Dialog ist nur möglich, wenn ich weiß, wer ich bin und was ich glaube. Ich denke, wir können Kindern auch gut vermitteln, dass ich respektieren muss, was andere glauben, weil es tief verletzt, wenn jemand diesen Glauben lächerlich macht. Religiöse Gefühle dürfen nicht durch den Dreck gezogen werden. Wir können Kindern auch deutlich machen, wie wichtig Religionsfreiheit ist. Wir können auch davon erzählen, dass viele Christinnen und Christen in der Welt nicht so frei in die Kirche gehen können und ihren Glauben bekennen dürfen wie wir hier. Und Kinder werden auch verstehen: Frieden zwischen den Religionen ist wichtig für den Frieden in der Welt.

Deutlich widersprochen werden muss aber, wo Religion Gewalt verherrlicht. Wenn Terroristen erklären, im Namen Gottes zu töten, müssen wir unseren Kindern auch klar sagen, dass das mit Gott nichts zu tun hat. Das sagen viele Muslime genauso. Und auch das Christentum lässt sich zur Gewalt verführen, wo es sich mit Ideologie verbündet oder zum Fundamentalismus neigt. Dass unser Gott der Gott des Friedens ist und der Sanftmütigkeit, der Gott, der auch Leiden und Gewalt kennt; und dass uns von anderen Religionen unterscheidet, dass wir Gott als einen verstehen, der nicht übermächtig ist, sondern auch schwach, das sollten wir Kindern ruhig sagen. Nach christlichem Verständnis ist Gott nicht erkennbar in dem siegreichen Helden auf hohem Ross, sondern im neugeborenen Kind und im sterbenden Mann.

Jesus jedenfalls hat in seinem Leben andere stets respektiert, etwa wenn er mit der Frau am Brunnen (Johannes 4) ganz offen über den Glauben spricht und über das unterschiedliche Verstehen. Und die Jüngerinnen und Jünger haben sich bemüht, anderen den Glauben an Jesus zu erklären, wie Philippus dem Kämmerer aus Äthiopien (Apostelgeschichte 8,26ff). Respekt vor dem fremden und offene Rede vom eigenen Glauben gehören zu unserer Religion. Und das Gebet, die Fürbitte füreinander, für Christinnen und Christen, die es schwer haben in der Welt, und auch für Menschen anderen Glaubens.

Trösten können wir Kinder in dieser Frage, indem wir sagen: Gott wird eines Tages aufklären, wie alles richtig zusammenhängt. Halte du dich an das, was unsere Väter und Mütter überliefert haben. Da findest du Orientierung und Kraft.

Lieber Gott, es ist traurig, dass beim Krieg im Irak so viele Menschen gestorben ist. Meiner Oma geht es im Moment auch nicht so gut. Es macht mich traurig, wenn Menschen sich streiten oder prügeln. Ich würde mir gern ein paar Sachen wünschen: alle armen Menschen, die auf der Straße leben, denen möchte ich ein Zuhause schenken. Allen Menschen, die schwer krank sind, möchte ich Gesundheit und Liebe schenken.
Anna

Vor seinem Tode sagte Rabbi Sussja: „Wenn ich vor dem himmlischen Gericht erscheine, wird man mich nicht fragen, warum ich nicht Abraham, Jakob oder Moses war; man wird mich fragen, warum ich nicht Sussja war."
Chassidische Tradition

19. Ist die Welt in sieben Tagen entstanden?

Ganz exakt so wohl nicht. Aber ich glaube, dass Gott die Welt geschaffen hat. Und ein Priester, der sich und anderen den Zusammenhang zwischen der Erforschung der Welt und dem Glauben an Gott erklären wollte, hat in der Schöpfungsgeschichte wunderbar aufgeschrieben, wie es gewesen sein könnte. Er sieht Gott als den Schöpfer, der Ordnung in das Chaos bringt. Der Urzustand war „Tohuwabohu" – das meint auf Hebräisch „wüst und leer". Gott ordnet sozusagen die Welt, so dass sie „gut" wird und wir auf ihr leben können.

Eins ist nach dem anderen entstanden, erst der Himmel und die Erde, dann kam das Licht und die Finsternis in einem Rhythmus, Wasser und Land entstanden, Gräser und Bäume, Tiere und schließlich Menschen. Vielleicht magst du das noch einmal nachlesen im 1. Buch Mose im ersten Kapitel. Das ist mit den sieben Tagen wunderbar beschrieben. In der Bibel steht aber auch, dass vor Gott tausend Jahre wie ein Tag sind. Das heißt also, dass die Zeitabläufe ganz andere gewesen sein mögen. Wahr bleibt für mich: Gott ist der Schöpfer der Welt.

Nun denkst du vielleicht, die Wissenschaft hat aber doch so viel erforscht, den Urknall, und die Theorien von Einstein oder Darwin können doch alles ohne Gott erklären. Ich denke, Wissenschaft und Glaube müssen nicht in einem Widerspruch stehen. Wie ist denn der Urknall entstanden? Und wenn sich alles aus kleinsten Bakterien entwickelt hat, heißt das doch nicht, dass nicht ein Wollen dahinter steht, dass nicht Gott diese Entwicklung ermöglicht hat. Viele Forscher geben ja ganz offen zu, dass sie zwar immer mehr entdecken, aber bei weitem nicht alles er-

kennen, nicht alles verstehen. Und auch selbst immer wieder staunen, etwa darüber, dass der Kosmos unendlich ist. Menschen, die an Gott als den Schöpfer glauben, denken dann, dass ja doch auch jedes Bild einen Maler hat und jedes Gebäude einen braucht, der es baut. Ich glaube nicht, dass Gott alles bis ins kleinste Detail geplant hat oder beherrscht. Ich glaube aber, dass Gott die Schöpfung ins Leben gerufen hat und ihr die Möglichkeit gab, sich in so unendlicher Vielfalt und Schönheit zu entwickeln.

Wenn Kinder beginnen, sich für Naturwissenschaft zu interessieren, wenn in der Schule die ersten biologischen oder physikalischen Erkenntnisse gelehrt werden, dann können Vorstellungen von Gott als Schöpfer sehr deutlich angefragt werden. Eine ganz wichtige Einsicht scheint mir, dass die Wissenschaft bei der Erklärung von der Entstehung der Welt und des Lebens immer wieder auch von „Zufall" spricht. So können wir wohl sagen, „dass Gott die Ordnung der Welt einschließlich ihrer Zufälle für seine Zwecke nutzbar machen kann."[11]

Die Kosmologie und auch die Relativitätstheorie stellen den Glauben an den Schöpfer der Welt nicht notwendigerweise in Frage. In der Frage der Evolution nun gibt es in den USA derzeit eine Debatte, die auch in Europa aufgegriffen wird und die die Gegensätze verstärkt. Der Streitpunkt ist das so genannte *intelligent design*. Das ist der Versuch zu erklären, dass für die Entwicklung der Lebewesen ein „Erfinder" verantwortlich sei. Damit soll Darwins Evolutionsverständnis widerlegt werden. Ich halte diesen Gegensatz für einen merkwürdigen Streit. Er sollte nicht zu einem neuen Glaubenskrieg werden. Für viel wichtiger halte ich, Kindern deutlich zu machen, dass wissenschaftliche Erkenntnis und Glaube an den lebendigen Gott nicht in einem Gegensatz stehen müssen. Gott gibt Menschen den Forschergeist der Erkenntnis. Die Schöpfungsgeschichte selbst

---

[11] Ev. Erwachsenenkatechismus, aaO., S. 56.

beschreibt das mit dem Essen der Früchte vom Baum der Erkenntnis. Das führt dazu, dass wir heute nicht gedanken- und sorglos im Garten Eden leben, sondern hier auf der Erde mitten im Alltag leben und arbeiten und um Zukunft ringen. Und forschen dürfen und fragen können und uns freuen über neue Erkenntnisse – und dabei doch wissen, dass wir Gott nie ganz erforschen werden.

Anders als etwa zu Zeiten Galileos oder im 19. Jahrhundert scheint es heute wieder eine bessere Dialogfähigkeit zwischen Naturwissenschaft und Theologie zu geben. Der Glaube an einen persönlichen Gott wird nicht mehr so schnell abgetan angesichts naturwissenschaftlicher Erkenntnis. Und die kirchliche Lehre wehrt naturwissenschaftliche Erkenntnis nicht gleich ab, sondern kann sie als Teil der menschlichen Möglichkeiten verstehen. Ich würde Kindern Mut machen zum Verstehen, zum Erkennen von Zusammenhängen, und halte das auch für einen Teil des Staunens über die Wunder Gottes. Der Mensch ist ja ein großartiges Wesen. Er kann ungeheuer viel, vor allem denken, mit Gott in Beziehung treten. Und der Mensch ist ein sehr kleines Wesen, so abhängig von anderen, so verletzbar und vor allem auch sterblich. Wenn Kinder diese Spannung wahrnehmen dürfen, können sie einerseits ermutigt werden, selbst zu denken und sich gleichzeitig geborgen fühlen in Gottes unendlicher Liebe.

Ja, die Schöpfungsgeschichte der Bibel ist ungeheuer einleuchtend, hervorragend angelegt und gegliedert, mit Tiefgang und Plausibilität und von großer literarischer Qualität bis heute. Und dabei ist sie ein Versuch, eben diese Zusammenhänge zu erklären. Als Jugendliche hat es mich sehr irritiert, dass es in der Bibel zwei Schöpfungserzählungen, einmal 1. Mose 1,1ff. und dann eben auch 1. Mose 2,4ff., gibt. Warum zwei Erzählungen? Warum einmal „… und schuf sie als Mann und Frau" und das andere Mal „… und baute eine Frau aus der Rippe, die er von dem Menschen nahm … (2,22)? Mir hat das mehr Schwierigkeiten gemacht, als die Erkenntnis, dass es eben zwei verschiedene Versuche sind, das Schaffen der Welt durch Gott zu erläutern. So bin ich überzeugt: die Anregung, selber nachzudenken, ist dem Glauben weniger abträglich als starre biblizistische Vorgaben. Darum ist die Bibel noch lange kein Märchenbuch, sondern ein Dokument des Glaubens, in dem wir Gottes Wort finden.

Vielleicht können Sie die Schöpfungsgeschichte mit Ihrem Kind besonders gut über das Malen entdecken. Das Dunkle und das Helle werden getrennt, Wasser und Land, Sonne und Mond entstehen. Das ist wirklich Ordnung im Tohuwabohu. Und dann kommt die ungeheure Vielfalt der Pflanzen- und Tierwelt, die wir nur bestaunen können.

Lieber Gott,
wie ist es im Himmel, und wie gefällt es dir?
Mir gefällt es auf dem Boden gut, weil man toben kann.
Gott, kannst du im Himmel auch toben?
Daniel

Wenn ich sehe die Himmel, deiner Finger Werk,
den Mond und die Sterne, die du bereitet hast:
Was ist der Mensch, dass du seiner gedenkst,
und des Menschen Kind, dass du dich seiner annimmst?
Du hast ihn wenig niedriger gemacht als Gott,
mit Ehre und Herrlichkeit hast du ihn gekrönt.
aus Psalm 8

20. Wird die Welt untergehen?

Ich denke, was unsere Erde betrifft: ja. Das steht jedenfalls so in der Bibel. Aber ich denke nicht, dass wir davor Angst haben müssen, weil Gottes Welt größer und mehr ist als unsere Erde, die wir sehen und kennen. Da können wir uns Gott anvertrauen. Im Buch der Offenbarung, dem letzten Buch der Bibel, ist auf sehr geheimnisvolle Weise von diesem Ende die Rede. Und im allerersten Kapitel steht geschrieben: „Ich bin das A und das O, spricht Gott der Herr, der da ist und der da war und der da kommt, der Allmächtige" (Offenbarung 1,8). Das ist eine sehr schöne Beschreibung. Gott war schon, bevor wir erschaffen wurden. Gott begleitet uns im Hier und Jetzt. Und Gott wird sein, wenn diese Welt zu Ende geht. Wie das sein wird, wissen wir nicht genau. Aber Jesus erzählt immer wieder davon in Geschichten, die wir Gleichnisse nennen. Er vergleicht Gottes Zukunft mit dem, was wir kennen. Das Himmelreich: das ist wie wenn sich Menschen aneinander freuen oder auch wie ein kostbarer Schatz, für den ich alles gebe (Matthäus 13,44 f.).

Doch auch wenn diese Welt untergehen sollte, halte ich es für falsch, sie deshalb einfach abzuschreiben. Wir müssen uns einsetzen für die Welt, die Gott doch so wunderbar geschaffen hat. Und das fängt schon bei kleinen Dingen an, wenn wir etwa sorgsam mit dem Müll umgehen, die Luft nicht verpesten, die Natur nicht zerstören. Vor uns haben Menschen gelebt, die uns die Erde übergeben haben. Und jetzt sind wir dran, die Welt für die Menschen nach uns zu erhalten.

Beim Lesen der vielen Kinderfragen und Kindergebete haben mich die Ängste der Kinder sehr bewegt. Da ist die Angst vor den Eltern, die Angst vor dem Alleinsein, es gibt die Angst vor Krieg und eben auch Angst vor dem Ende der Welt. Ob wir Erwachsenen gegenüber diesen Ängsten manchmal etwas abgestumpft sind oder sie einfach verdrängen? Wenn wir ernsthaft nachdenken, kennen wir diese Ängste ja auch. Wir wissen, wie verletzlich das Leben ist, wie schnell der Tod kommen kann.

Ängste von Kindern sollten wir deshalb, wie gesagt, nicht klein reden oder zu rasch beschwichtigen. Wer Angst hat, muss mit dieser Angst ernst genommen werden. Und gerade, was den Zustand der Welt betrifft, hören Kinder ja immer wieder von Katastrophen, von der Klimaveränderung, dem Schmelzen der Pole, dem Aussterben der Arten. Das macht nicht nur Kindern Angst, sondern jedem Menschen, der darüber nachdenkt. Mir scheint, wir können immer nur Gottvertrauen dagegen setzen. Gott wird uns tragen und halten, auch wenn diese Welt vergehen sollte. Aber Gottes Wirklichkeit ist größer als das, was wir sehen.

Das andere ist aber die Verantwortung. Der bekannte Ausspruch, der Martin Luther zugeschrieben wird, scheint mir eine angemessene Lebenshaltung: „Wenn ich wüsste, dass morgen die Welt unterginge, würde ich heute ein Apfelbäumchen pflanzen." Ich werde also vorsorgen für andere, meine Rolle hier im Leben erfüllen und die Zukunft Gott anvertrauen. Wie viel ich leisten kann, ob ich ganz toll bin in der Schule oder im Sport, ob ich gesund bin oder aber vielleicht behindert, das ist vor Gott nicht so wichtig. Gott hat unser je eigenes Leben gewollt, unser Leben hat schon einen Sinn, bevor wir irgendetwas Tolles leisten können.

Es fasziniert mich immer wieder, wie gern Kinder „Geschichten von früher" hören. Ich habe sie gern von meiner Großmutter gehört, meine Mutter hat sie meinen Kindern erzählt. Dieses Geschichten-Erzählen reiht Kinder mit ihrem Leben ein in einen großen Bogen des Lebens. Wo keine älteren Familienangehörigen da sind, können wir das auch mit Heiligengeschichten tun. Evangelische werden nicht zu ihnen beten; aber mit den Katholiken teilen sie doch ihr Zeugnis. Heilige: das sind Menschen, die sich ganz und gar Gott anvertraut haben. Und davon können wir Kindern erzählen, von den biblischen Gestalten wie auch von Martin und Hildegard, Elisabeth und Augustin. Wenn wir dann noch deutlich machen, dass sie eben keine übermächtigen Gestalten waren, sondern Menschen mit Fehlern wie wir auch, die im Gottvertrauen ihren Lebensweg gegangen sind, können sie für Kinder eine besondere Bedeutung erlangen. Ich würde die allzu grausamen Schilderungen auslassen. Dass Heiligkeit durch besonders viel Leiden entsteht, halte ich für biblisch nicht belegt. Und es ist ja offensichtlich, dass manche blutrünstigen Schilderungen von Heiligenlegenden geradezu ausufernd sind. Aber Kindern das Bewusstsein zu vermitteln, dass wir in einer Tradition leben, dass wir nicht die Ersten sind im Glauben und nicht die Letzten sein werden, das ist wichtig, das gibt Kontinuität und auch Sicherheit. Gerade in einer Zeit so vieler Umbrüche und Unsicherheiten ist solch ein Bewusstsein wichtig. Wir stehen in einer Tradition, die größer und weiter ist als das, was wir erkennen und überblicken.

Wenn Ihr Kind einen biblischen Namen hat oder den eines oder einer Heiligen, könnten Sie auch daran anknüpfen. Sie können einer Esther von der biblischen Königin dieses Namens erzählen und einem Johannes von dem Täufer, von dem das Evangelium erzählt. Und einer Barbara und einem Thiemo von ihren Vorfahren im Glauben. Das kann für Kinder ein eindrücklicher Anknüpfungspunkt sein und eine Bedeutung für das eigene Leben gewinnen. Bei der Namensgebung selbst sollten wir auch immer darauf achten, dass Namen nicht lächerlich wirken in ihrer Zeit, das kann für Kinder verletzend sein. Aber Namen zu tragen, die schon Väter und Mütter im Glauben hatten, ob biblisch oder aus der Geschichte des Christentums, gibt auch ein Bewusstsein für Tradition und für die Weite der Zeit. Es macht deutlich: Wir leben und wir sterben, wir werden geboren und verlassen diese Welt, aber das alles steht im großen Zusammenhang der Zeit Gottes. Oder biblisch ausgedrückt: „Leben wir, so leben wir dem Herrn; sterben wir, so sterben wir dem Herrn. Darum: wir leben oder sterben, so sind wir des Herrn." (Römer 14,8) Und so, wie wir uns selbst Gott anvertrauen können, können wir auch den Untergang der Welt seine Sorge sein lassen. Wir müssen uns aber nicht ängstigen, weil das Ende der Welt die wir kennen, das Ende der Erde, nicht das Ende von Gottes Welt ist. Insofern muss es eben doch heißen: Die Welt die wir kennen, ja, die geht unter, Gottes Welt aber bleibt in Ewigkeit.

Ich danke dir einfach für alles auf der Welt,
auch wenn manches mir nicht gefällt,
dann soll es wohl so sein.

Wenn einer sagt: „Ich mag dich du, ich find' dich ehrlich gut",
dann krieg ich eine Gänsehaut und auch ein bisschen Mut.
Wenn einer sagt: „Ich brauch' dich, du, ich schaff es nicht allein",
dann kribbelt es in meinem Bauch, ich fühl' mich nicht mehr klein.

Wenn einer sagt: „Komm, geh' mit mir, zusammen sind wir was",
dann werd' ich rot, weil ich mich freu', dann macht das Leben Spaß.
Gott sagt zu dir: „Ich hab' dich lieb und wär' so gern dein Freund.
Und das, was du allein nicht schaffst, das schaffen wir vereint."
Andreas Ebert

21. Stimmt alles, was in der Bibel steht?

Menschen haben in der Bibel aufgeschrieben, welche Erfahrungen sie mit Gott gemacht haben. Aber nicht jedes Wort ist so von Gott diktiert. Es sind Menschenworte, mit denen Menschen beschreiben, was sie erlebt haben, mit denen sie von ihrem Glauben singen, ihre Freude an Gott und auch ihre Zweifel in Worte fassen.

Vielleicht ist das bei den Geschichten über Jesus am besten zu verstehen. Kennst du ältere Leute, die den Zweiten Weltkrieg noch erlebt haben? Deine Oma vielleicht oder ein Bekannter oder Nachbar? Das ist jetzt mehr als 60 Jahre her. Und in der Erinnerung ist nicht mehr alles so ganz präzise, es gibt verschiedene Versionen, auch wenn wir merken, es ist ein und dieselbe Geschichte. So ist das auch mit den Evangelien. Sie wurden frühestens mehr als vierzig Jahre nach dem Tod Jesu aufgeschrieben. Bis dahin wurde erzählt, mündlich weitergegeben, was die Menschen mit Jesus erlebt haben. Deshalb erzählen die vier Evangelien alle dieselbe Geschichte – und alle eben ein wenig unterschiedlich.

Die einzelnen Teile der Bibel sind von Menschen zusammengestellt worden. Und wenn du dir eine so lange und alte Geschichte anschaust wie die vom Volk Israel, das durch die Wüste wandert, dann kannst du dir schon vorstellen, dass sich im Laufe des Erzählens und Weitererzählens manchmal auch etwas verändert hat. Ich würde sagen: die Bibel ist Gottes Wort, weil darin die Erfahrungen des Volkes Israel mit Gott aufgeschrieben sind. Und vor allem, weil wir darin die Worte von Jesus Christus finden, Berichte über sein Leben, die Nachricht von seinem Tod am Kreuz und seiner Auferstehung. Ohne die Bibel gibt es keinen christlichen Glauben.

Lange Zeit wurde die Bibel geradezu als von Gott diktiert verstanden. Zweifel und Rückfragen bei Widersprüchen waren da nicht erlaubt. Dann kam die so genannte historisch-kritische Methode, die zeigte, dass die Bibel zu verschiedenen Zeiten entstanden ist und auch geprägt wurde durch die jeweiligen Verfasser. Das war spannend, führte aber dazu, dass viele irgendwann den Eindruck hatten, die Bibel sei eine Art beliebige Sammlung von Geschichten. Beide Haltungen sind nicht hilfreich, finde ich. Einerseits dürfen wir mit freiem und kritischem Geist die Bibel anschauen. Und es schadet nicht, zu erkennen, dass das Jesajabuch nicht in einem Zug geschrieben wurde, sondern wohl von drei Verfassern derselben Gedankenschule. Ich fand das immer eher spannend als den Glauben gefährdend. Andererseits ist die Bibel eben auch kein Märchenbuch, nicht irgendeine beliebige Geschichte, sondern der zentrale Bezugspunkt unseres Glaubens. Hier erfahren wir, dass unser Gott der Gott Israels ist, der das Volk aus der Knechtschaft befreit hat. In den Evangelien lesen wir von Jesus, erfahren die zentralen Geschichten über sein Leben und hören, wie die ersten Gemeinden entstanden sind.

Wenn Sie für sich selbst oder mit Ihrem Kind die Bibel lesen, würde ich immer mit den Evangelien beginnen. Das älteste (und kürzeste) ist das Markusevangelium. Wir können erkennen, dass er schon auf bereits vorliegende Sammlungen zurückgreifen konnte. Die mündliche Überlieferung etwa der Gleichnisse oder auch der Wundergeschichten war offenbar schon niedergeschrieben. Vielleicht hat Markus von Rom aus geschrieben, um das Jahr 70, also zum Ende des jüdischen Krieges, der im Jahr 70 mit der Eroberung Jerusalems und der Zerstörung des Tempels endete. Matthäus und Lukas greifen bei ihrem Erzählen immer wieder auf Markus zurück, sie kennen diesen Text also bereits. Bei Matthäus ist festzustellen, dass er sich stark von der jüdischen Tradition absetzt. Für Lukas scheint es schon Normalität zu sein, dass Judentum und Christentum zwei unterschiedliche Religionen sind. Das Johannesevangelium ist das letzte, das entstanden ist, wohl in der ersten Hälfte des 2. Jahrhunderts. Es hat viele Eigenarten, keine Gleichnisse und Seligpreisungen, aber dafür die „Ich bin" – Worte, die sehr prägnant sind.

Vielleicht nehmen Sie sich einmal die Zeit, zwei Evangelien zu lesen. Sie werden merken: es geht um denselben Jesus Christus, und doch ist der Bericht geprägt von dem Menschen, der berichtet. Daran lässt sich vielleicht am besten verstehen, was „Exegese", die „Auslegung" eines biblischen Textes, heißt. Wir versuchen zu verstehen, was der Text uns sagt, wir erkennen, dass von Anfang an der eigene Glaube auch die Texte des Neuen Testamentes prägt. Sie sind nicht ohne Zusammenhang, sondern lebendiges Wort Gottes, durch Menschen vermittelt. In der Bibel finden wir Zugang zu Gott, zu Jesus Christus, aber eben durch Worte, die von Menschen verfasst sind. Insofern ist alles wahr, was in der Bibel steht. Und doch bleibt es ja nie so stehen, das Wort wird lebendig, indem es mit lebendigen Menschen und ihrer Situation heute in eine Beziehung tritt. Das ist Kindern sehr gut deutlich zu machen. Wenn sie eine Verheißung hören wie: Gott wird abwischen alle Tränen (Offenbarung 21), können sie das malen und haben bestimmte Vorstellungen, um welche Tränen, welches Leid es sich handelt. Das sind aber bei Menschen in anderen Ländern oder zu anderen Zeiten eben ganz andere Vorstellungen.

Für mich ist immer wieder faszinierend, dass das über die Jahrhunderte hinweg möglich ist. Wir können verstehen, was es bedeutet, wenn Jesus sagt: Selig sind die Sanftmütigen. Wir begreifen die Provokation, die es bedeutet, wenn die Letzten die Ersten sein werden. Wir fragen uns, wie der Gott des Friedens auch so gewalttätige Züge haben kann, wie es der hebräische Teil der Bibel beschreibt. Und manches bleibt uns rätselhaft.

Wenn die Kinder älter werden, können wir auch darüber sprechen, dass die Bibel für uns immer schon eine Übersetzung ist, wenn wir sie in deutscher Sprache lesen. Der Urtext des Teils, den wir Altes Testament nennen, ist auf Hebräisch verfasst. Das

Neue Testament auf Griechisch. Und die Kirchenväter hatten den hebräischen Teil oft in seiner lateinischen Übersetzung vor Augen, der Vulgata. Das Übersetzen selbst ist dann schon eine gewisse Interpretation. Bis heute. Ob sich zum Beispiel in der Geschichte von den Arbeitern im Weinberg die Arbeiter „müßig" am Straßenrand aufhalten oder ob dort Familien stehen, die „arbeitslos" sind: die Sprache weckt in der Vorstellung sehr unterschiedliche Bilder. Und doch ist beides eine angemessene Übersetzung. Auch Übersetzung trägt also immer schon Züge von Interpretation.

Die Entscheidung, welche Texte nun überhaupt und endgültig zur Bibel gehören, die Festlegung des biblischen „Kanons" (ein griechisches Wort für „Maß" oder „Richtschnur"), war ein langwieriger Prozess. Es hat wohl bis ins zweite Jahrhundert gedauert, bis klar war, welche Texte Teil der „Heiligen Schrift" sein sollten. Noch heute gibt es Unterschiede zwischen Katholiken und Protestanten, weil erstere die so genannten Apokryphen zur Bibel dazuzählen, wie das Konzil von Trient 1546 definitiv beschloss, während Martin Luther sie als „nützlich zu lesen", aber nicht als Teil der Bibel ansah.

Kurzum: Es ist spannend, sich der Bibel anzunähern. Das gilt für uns als Erwachsene immer neu und immer wieder. Und das kann auch eine wunderbare Entdeckungsreise mit einem Kind sein. Das kann mit einer Kinderbibel beginnen, die viele Bilder hat (Literaturhinweise im Anhang). Viele Kinder gewinnen sie lieb, sie beheimaten sich darin. Und mit Jugendlichen kann schon verglichen werden: Was erzählt Lukas von der Geburt Jesu, was die anderen Evangelisten. Und schon beginnt das Gespräch.

Ich finde es geradezu tragisch, dass sich nur noch so wenige Menschen in unserem Land überhaupt mit der Bibel befassen. In Deutschland wurde sie schließlich zum ersten Mal überhaupt in die Sprache des Volkes, der Leute auf der Straße, übersetzt! Und so vieles in unserer Kultur, der Literatur, der Architektur, ja selbst im Kino können wir gar nicht verstehen, ohne die biblischen Bezüge zu kennen. Es ist gut, wenn Kinder lernen, dass die Bibel kein Buch mit sieben Siegeln bleiben muss, sondern uns immer wieder neu einlädt, darin zu lesen, die Glaubenserfahrungen unserer Mütter und Väter im Glauben und Gottes Wort dort zu finden.

Lieber Gott,
hör mir bitte mal zu,
ich bin in der Schule nicht so gut,
kannst du mich vielleicht etwas besser machen?
Ich habe auch schon ein paar Geschichten
über dich gelesen. Amen.
Franca

Nützlicher Reim – Altes Testament:
In des alten Bundes Schriften
merke an der ersten Stell:
Mose, Josua und Richter,
Rut und zwei von Samuel,
zwei der Könige, Chronik, Esra,
Nehemia, Ester mit.
Hiob, Psalter, dann die Sprüche,
Prediger und Hoheslied.

Drauf Jesaja, Jeremia
und Hesekiel, Daniel;
auch Hosea, Joel, Amos
nebst Obadja, Jonas Fehl,

Micha, welchem Nahum folget,
Habakuk, Zefanja,
dann Haggai und Sacharja
und zuletzt Malachia [Maleachi].

22. Warum hat Gott die Menschen geschaffen und bei der Sintflut fast alle getötet?

In der Bibel ist nachzulesen, dass Gott richtig zornig war. Er hatte alles so gut geschaffen, und dann fangen die Menschen an, böse zu sein, einander zu betrügen, sich nicht mehr um seine Gebote zu kümmern. Da bereut Gott, dass er die Menschen überhaupt geschaffen hat und sagt: Das will ich alles auslöschen! Das kennst du doch auch, so einen Zorn, oder? Wenn du das Legohaus oder die Sandburg, die du gebaut hast, einfach vor Wut kaputt machen möchtest, weil etwas nicht klappt oder nicht so ist, wie du es dir vorgestellt hast. Aber dann tut es dir später vielleicht auch Leid, etwas so Schönes zerstört zu haben.

So ging es Gott auch. Zuerst einmal sieht er Noah und seine Familie, die sich wirklich bemühen, so zu leben, wie Gott es fordert. Und so lässt er Noah die Arche bauen – und Noah vertraut Gott. Nach der Sintflut sieht Gott ein, dass die Menschen nun einmal Fehler machen, das wird immer wieder so sein. Deshalb hat er versprochen, dass er die Erde nie wieder so verfluchen wird. Gott sagt: „Solange die Erde steht, soll nicht aufhören Saat und Ernte, Frost und Hitze, Sommer und Winter, Tag und Nacht." Und als Erinnerung an dieses Versprechen, so erzählt es die Bibel, hat Gott den Regenbogen in die Wolken gesetzt. Immer, wenn wir einen Regenbogen sehen, dürfen wir daher getröstet sein. Denn wir wissen: was auch immer geschieht, Fluten oder Erdbeben, es sind Kräfte der Natur, die da wüten, aber es ist nicht Gott, der uns zerstören will.

Ich denke, dass Gott uns die Schöpfung anvertraut hat. Wir sind da, um sie zu erhalten und zu bewahren. Die Bibel kann sogar sagen, dass die Menschen genau dazu geschaffen sind. Das heißt, wir haben eine Verantwortung für unsere Welt, die können wir nicht einfach an Gott delegieren.

Die Sintflutgeschichte im 1. Buch Mose, Kapitel 6 bis 9, hat für Kinder einerseits etwas ungeheuer Beängstigendes. Gott, der alles geschaffen hat, zerstört jetzt, was er doch in der Schöpfungsgeschichte als sehr gut empfand. Als meine Kinder klein waren, hatten wir ein Bilderbuch zur Geschichte, bei dem auf einer Seite zu sehen war, wie das Wasser stieg und die Tiere, die keinen Platz auf der Arche gefunden hatten, traurig im Wasser zurückbleiben. Meine Kinder wollten immer, dass wir diese Seite schnell überblättern. Und das ist ja auch ein zutiefst beunruhigender Gedanke: Gott zerstört Leben.

Der Gott, auf den Menschen christlichen und jüdischen Glaubens vertrauen, ist kein unbewegter Gott aus Stein, sondern ein personales Wesen, das ist entscheidend. Deshalb hat dieser Gott auch Empfindungen und sucht eine Beziehung zu den Menschen. Ja, wir glauben, dass Gott den Menschen überhaupt geschaffen hat, weil er die Beziehung sucht, nicht für sich allein bleiben will. Das ganze Schöpfungsgeschehen wird so in Gang gesetzt. Aber der Mensch mit dem freien Willen handelt dann eben nicht so, wie Gott es erwartet hat. Und so ist Gott enttäuscht, ja auch zornig. In der Bibel ist oft die Rede von Gottes Zorn - wir können nicht verschweigen, dass es den auch gibt. Da gibt es auch Drohungen gegen diejenigen, die sich nicht an die Gebote halten. Aber Gott selbst erkennt, dass die Zerstörung auch alles Gute und Schöne mit sich reißt. Und als die Sintflut vorüber ist, verspricht Gott auch: er will keine solche Zerstörung mehr verursachen.

Wir sollten Kindern die Geschichte so erzählen, wie es die Bibel tut. Ja, vielleicht steckt eine mythische Erzählung dahinter oder auch eine Fluterfahrung wie beim Tsunami von Weihnachten 2004. Das ist ja die Erfahrung tiefster, beängstigender Zerstörung. Daher ist diese Geschichte für die Menschheit tief prägend, sie wurde immer, zu allen Zeiten verstanden. Ihr Kernpunkt aber ist das Vertrauen in die Zukunft. Der Regenbogen ist das große Zeichen des Vertrauens. Und er ist und bleibt ja ein Wunder, auch wenn wir ihn wissenschaftlich erklären können. Ich kann jedenfalls bis heute einen Regenbogen bestaunen, er ist ein wunderbares Symbol für die Verbindung von Himmel und Erde, auch für uns Menschen im 21. Jahrhundert. Und so ist die Sintflutgeschichte eine Ermutigung zu Gottvertrauen, aber auch zu einem Verhalten, das Gottes Geboten entspricht. Selbst wenn wir sie brechen, wird Gott nicht zerstören. Diese Zusage, dieser Bund steht fest von Gottes Seite her. Und er ist eine Aufforderung, so zu leben, dass wir nicht zerstören, dass wir andere Menschen, aber auch Tiere und Pflanzen achten als Gottes gute Schöpfung.

Immer wieder ist es den Kindern in ihren Fragen und Gebeten auch um die Dinosaurier gegangen – wo sind sie geblieben? Offenbar faszinieren sie Kinder besonders. Solch große und starke Geschöpfe, die trotzdem nicht überleben konnten. Wir können den Kindern nur sagen, dass sich die Erde verändert. Dass Leben sich auch evolutionär entwickelt hat, steht ja nicht unbedingt im Widerspruch zum Glauben an Gott als Schöpfer. Mit diesem Verändern der Erde verändern sich auch die Bedingungen für Tiere und Pflanzen, so dass einige aussterben, andere neu entstehen. Besonders schön ist das ja zu erkennen, wenn wir sehen, welche Tiere hier bei uns in Europa leben und dass es ganz andere sind, die an anderen Orten zuhause sind. Ein Huskie ist äußerst unglücklich in Südspanien, und ein Kamel würde sich am Pol kaum wohlfühlen. Wir können bewundern, was in der Schöpfung möglich ist und alles dafür tun, dass sie nicht durch unser Verhalten gefährdet wird. Kindern dieses Staunen über die Schöpfung zu erhalten oder es ihnen zu zeigen, das wirkt nachhaltig. Ich erinnere mich, dass wir auf manchen Spaziergängen ein „Pflanzenbestimmungsbuch" mitgenommen haben. Es hat riesigen Spaß gemacht, herauszufinden, was wir da eigentlich an Gräsern und Bäumen vor uns haben. Und es hat staunen lassen, wie vielfältig selbst ein kleines Waldstück in Deutschland sein kann.

Was die Lebenshaltung insgesamt betrifft, so können wir sicher nicht bei jeder Gelegenheit sagen: Wenn du dich so verhältst, trägst du dazu bei, dass es der Schöpfung schlechter geht, dass Arten aussterben. Dazu sind wir Erwachsenen selbst viel zu inkonsequent, wenn wir etwa Auto fahren, einen Wäschetrockner benutzen oder das Fernsehgerät auf Standby laufen lassen. Jede dieser Handlungen ist dann ein Schritt zur Klimakatastrophe. Wer so argumentiert, ermüdet auch schnell, denn es gibt dann nie ein „normales" Leben, sondern ein geradezu zwanghaftes Anders-leben-Wollen, das auch leicht selbstgerecht werden kann. Aber wir können eine Grundhaltung an den Tag legen, die sich bemüht, im Alltag nicht zu vergessen, wo wir handeln können. Kinder verstehen sehr gut, was eine Energiesparlampe ist, warum wir Müll getrennt sammeln und so weiter.

Die Achtung vor der Schöpfung, das Ringen darum, „richtig" zu leben, gehören zur christlichen Verantwortung. Wir sollten niemals leichtfertig damit umgehen, aber wir sollten gleichzeitig nie vergessen, dass die Schöpfung auch zur Freude der Menschen da ist. Es kann geradezu beglückend sein, einen blühenden Baum zu betrachten, wilde Wolken am Himmel, ein frühreifes Gerstenfeld – oder eben einen Regenbogen, der sich von der Erde bis zum Himmel spannt. Er ist das Zeichen Gottes dafür, dass er den Rhythmus dieser Erde nicht noch einmal unterbrechen will. Auch Jesus hat auf die Schönheit der Natur geachtet – er hat sie bewusst wahrgenommen und gezeigt, was wir lernen können, wenn wir auf sie achten.

*L**ieber Gott,*
bitte gib, dass die Riesenotter nicht aussterben.
Amen.
Stefan

Schaut euch die Lilien auf dem Feld an,
wie sie wachsen:
Sie arbeiten nicht, auch spinnen sie nicht.
Ich sage euch, dass auch Salomo in aller seiner Herrlichkeit
Nicht gekleidet gewesen ist wie eine von ihnen.
Matthäus 6,28f.

23. Gibt es den Himmel und die Hölle?

Also, beim Himmel bin ich mir ganz sicher. Das ist für mich der Ort, an dem Gott wohnt und wo eines Tages für uns alles gut sein wird. Die Bibel sagt, da gibt es dann kein Leid mehr und kein Geschrei und auch keinen Tod. Alle Tränen werden abgewischt. Die Menschen werden nichts anderes zu tun haben, als Gott zu loben und glücklich zu sein. Genaueres wissen wir nicht, aber ich finde, das reicht aus.

Die Hölle wäre ja sozusagen der Ort, an dem Gott nicht zu finden ist, eine Art ewige Verdammnis. Da sagt die Bibel nun, dass es einen solchen Ort in Gottes Zukunft nicht geben wird. Im Buch der Offenbarung heißt es: „(Christus spricht:) Ich war tot und siehe, ich bin lebendig von Ewigkeit zu Ewigkeit und habe die Schlüssel des Todes und der Hölle (1,18). Das heißt dann, in Gottes Zukunft wird die Hölle nicht mehr ein Ort sein, zu dem Gott keinen Zugang hat. Gott will keine Hölle, aber sehr oft machen Menschen anderen das Leben zu Hölle. Und darüber wird eines Tages Recht gesprochen. Wir sagen ja im Glaubensbekenntnis: Er wird kommen zu richten die Lebenden und die Toten. Das heißt, die Wahrheit wird ans Licht kommen und Menschen, die böse gehandelt haben in ihrem Leben, werden sich bitterlich schämen. Sie werden todtraurig sein, dass sie so viel Schönes zerstört haben, so gemein zu anderen waren und damit ihr eigenes Leben auch zerstört haben. Ich glaube aber nicht, dass Gott irgend jemanden in ein Fegefeuer schickt oder so etwas. Davon steht nichts in der Bibel.

Das ist ein schwieriges Kapitel mit Kindern! Es macht einen doppelten Balanceakt erforderlich. Einerseits gibt es immer wieder und erstaunlicherweise eine große Angst vor der Hölle. Auch wenn mit Gott in der Regel nicht mehr gedroht wird in der Erziehung („Der liebe Gott sieht alles!"), so habe ich doch immer wieder Kinder kennen gelernt, die große Befürchtungen hatten, Gott könnte sie strafen, weil sie etwas gestohlen oder die Mama belogen hatten, manche hatten gar eine tief existentielle Angst wie Luther in seinem Ringen um den gnädigen Gott. Hier geht es darum, davon zu reden, dass Gottes Zuwendung unendlich ist, seine Liebe zu uns so viel größer als unser Versagen.

Und doch dürfen wir Gott dabei nicht zum lieben Papigott machen, der ohnehin nicht ganz ernst zu nehmen ist mit seinen Forderungen. Ich finde immer wieder gut, wie das in der Barmer Theologischen Erklärung von 1934 formuliert ist: Zuerst steht und bleibt Gottes Zuspruch, der ist unerschütterlich. Daraus folgt aber Gottes „kräftiger Anspruch" auf unser ganzes Leben. Was die lutherische Theologie „Rechtfertigung allein aus Glauben" nennt, meint ja nicht, dass der geschenkte Glaube schon alles gut sein lässt. Nein, ich bin so dankbar für dieses Geschenk, dass ich alles tun werde, um so zu leben, dass ich Gott gerecht werde. Aber *verdienen* kann ich mir Gottes Zuwendung eben nicht.

Das zweite Balancekunststück ist es, dass Kinder natürlich wollen, dass die Bösen bestraft werden, dass Gerechtigkeit kommt wie im Märchen: die böse Stiefmutter verbrennt, genauso wie Rumpelstilzchen einfach vom Erdboden verschwindet. Dabei geht es auch um den Gerechtigkeitssinn der Kinder. In der frühen Kindheit ist es auch wichtig, dass das Böse auch symbolisch vorkommt, dass es nicht verdrängt, nicht tabuisiert oder verniedlicht wird; denn das es Böses gibt, ist ja auch eine reale Erfahrung der Kinder. Und wie die Bösen im Märchen eine schlimme Strafe erleiden, ist es für Kinder wichtig zu wissen, dass z. B. Verbrecher ins Gefängnis müssen.

Mit zunehmendem Alter wird natürlich der Gerechtigkeitssinn der Kinder differenzierter. Wie ist das nun mit den Dingen, die wir falsch machen? Wenn diese Taten nicht bestraft werden, wenn Gott alles verzeiht, warum sollen wir dann überhaupt nach seinen Geboten leben?

Klar ist: die bösen Taten werden ans Licht kommen. Aber in der Bibel steht: sie werden gerichtet, es wird ein Urteil darüber geben – es steht dort wirklich nichts von ewigem Fegefeuer. Was also geschieht mit den Bösen? Mit menschenverachtenden Diktatoren wie Hitler und Stalin und ihren unglaublichen Untaten und mit den kleinen Diktatoren, die uns das Leben im Alltag so schwer machen können? Wie wird Gott richten? Wird Gott bestrafen?

Wenn wir darüber mit Kindern reden, kommt es (wie wohl auch für unsere eigene Überzeugung) darauf an, die Balance zwischen der Sehnsucht nach Gerechtigkeit und dem festen Glauben an die tiefgründige unendliche Liebe Gottes zu bewahren. Kein einziger Mensch lebt so, dass er allen Vorgaben Gottes gerecht wird, alle zu hundert Prozent erfüllt. Niemand. Und wo ist da nun die Grenze? Wenn ich richtig gemein bin und andere, eine Mitschülerin etwa, furchtbar ärgere und bloß stelle? Oder erst bei ganz schlimmen Taten – wenn jemand für den Tod von anderen verantwortlich ist? Und noch eine Überlegung: Wäre wohl Friede ohne Tränen in Gottes Reich, wenn wir wüssten, dass andere Menschen auf ewig in der Hölle schmoren? In der Theologie wird das die Frage nach der All-Erlösung genannt. Ich bin der Meinung, wir sollten nicht so viel über Gottes Zukunft grübeln. Wir können sie Gott anvertrauen. Und doch bin ich überzeugt, wir werden mit unseren bösen Taten konfrontiert werden. Wird nicht die schlimmste Strafe für manchen bösen Menschen sein, zu sehen, wie viel Leben er zerstört hat, wie viel Leid verursacht und wie sehr er damit sein eigenes Leben vernichtet hat?

Ich würde versuchen, dem Kind, das nach Himmel und Hölle fragt, zu sagen, dass Gott sehr wohl sieht, was böse Menschen tun, und dass er traurig darüber ist. Dass Gott denen zur Seite steht, die darunter leiden und ihnen Kraft geben wird. Und dass, wer böse handelt, eines Tages vor Gott damit konfrontiert werden wird, vor Gott und allen anderen. Dass Gott aber eben nicht Zerstörung und Hölle will, sondern die Menschen befreien wird aus der Hölle. Niemand wird dort ewig schmoren, weil es eine von Menschen gemachte Hölle ist. Es sind die Menschen, die anderen das Leben zur Hölle machen können. Gott schafft keine Hölle, Gott will den Himmel und so viel wie möglich davon schon hier auf der Erde. Deshalb sollten wir statt Höllenangst Gottvertrauen haben.

Lieber Gott,
wir hoffen, dass du uns hörst.
Vergib uns unsere Schuld, wir bitten dich sehr.
Wir sind uns sicher, dass es dich irgendwo gibt.
Wir wissen, dass wir schon viele böse Dinge
gemacht haben.
Aber du hast uns immer aus der Patsche geholfen.
Wir danken dir sehr. Amen.
Louisa und Alina

Sünd' und Hölle mag sich grämen
Tod und Teufel mag sich schämen;
Wir, die unser Heil annehmen,
werfen allen Kummer hin.

Jakobs Stern ist aufgegangen,
stillt das sehnliche Verlangen,
bricht den Kopf der alten Schlangen
und zerstört der Höllen Reich.
Paul Gerhardt

24. Warum feiern wir Nikolaus?

Wir denken am 6. Dezember an Nikolaus von Myra. Er ist der Schutzpatron der Kinder in der ganzen Welt. Als junger Mann wurde Nikolaus Bischof im Gebiet der heutigen Türkei. Weil die Christen damals verfolgt wurden, geriet er in Gefangenschaft und hat schwer gelitten. Aber er hat immer zu seinem Glauben gestanden und sich ganz besonders für den Schutz von Frauen und Kindern eingesetzt. Eine Geschichte erzählt beispielsweise, dass er einem Vater Geld durch den Schornstein geworfen habe, damit der seine Töchter nicht in die Fremde verkaufen musste. Es ist wichtig, dass wir uns an solche Menschen erinnern, die schon lange vor uns gelebt haben und fromm waren, die Vorbilder für uns sind.

Wenn du am Nikolaustag Süßigkeiten geschenkt bekommst, dann schenken Erwachsene dir etwas, weil sie sich daran erinnern, wie Bischof Nikolaus sich für Kinder eingesetzt hat. Wer dich lieb hat, steckt dir eine Kleinigkeit in einen Schuh oder einen Stiefel, weil wir die Kinder lieb haben, weil Kinder wichtig sind. Freu dich also darüber und denk an den Bischof Nikolaus – es ist gut, wenn Erwachsene Kinder ernst nehmen. So wie Jesus das ja auch getan hat.

Übrigens: an manchen Orten werden am Nikolaustag Kinderbischöfe gewählt, die bis Weihnachten oder bis zum 28. Dezember, dem „Tag der unschuldigen Kinder" im Amt sind. Das ist eine alte Tradition aus dem Mittelalter. Der Kinderbischof nahm an den Gottesdiensten teil und hatte dort einen Ehrenplatz. Das Amt war ausgesprochen begehrt. Heute sollen die Kinder – es sind meistens drei – Veranstaltungen anregen oder die Fragen und Forderungen von Kindern zur Sprache bringen. Ich habe das schon erlebt, in Hamburg und in Niklausberg und unterstütze diese Idee: der Nikolaus als Sprachrohr für die Sorgen der Kinder heute.

Mir scheint es wichtig, dass wir die ganze Gemengelage an Traditionen, die sich um Advent und Weihnachten gebildet hat, für uns selbst und auch für die Kinder etwas klären. Wer feiert eigentlich genau was und wann? Zunächst einmal könnten Sie für sich als Erwachsene, als Eltern, Paten, Großeltern in der Familie klären, wie Sie mit den verschiedenen Traditionen umgehen. Sie sollten wissen, was im Kindergarten erzählt wird und in der Schule. Es ist schwierig für Kinder, die Welt zu ordnen, wenn jeder etwas anderes erzählt.

Als erstes plädiere ich dafür, den Weihnachtsmann zu dem zu machen, was er ist: eine nette Werbefigur. Holländische Siedler haben die europäische Nikolaustradition im 17. Jahrhundert nach Amerika gebracht. Rentierschlitten und Schornstein haben sich erst später dazu gesellt. 1931 beauftragte Coca Cola den Zeichner Haddon Sundblom, den Weihnachtsmann für eine Anzeige zu gestalten. So entstand die Figur, die heute als Santa Claus oder Weihnachtsmann dargestellt wird. Ob Sundblom sich selbst malte oder aufgrund seiner schwedischen Wurzeln auch Figuren aus der nordischen Götterwelt vor Augen hatte, ist umstritten. Vielleicht war es der Gott Thor, der gern als älterer Mann mit langem Bart dargestellt wurde. In jedem Fall war die Weihnachtswerbung ungeheuer erfolgreich – bis heute.

Weihnachten kommt für Christinnen und Christen nicht der Weihnachtsmann, sondern das Christkind. Jesus ist geboren, das feiern wir. Über dieses Geschenk Gottes freuen wir uns so sehr, deshalb beschenken wir uns gegenseitig. Wie die Weisen aus dem Morgenland dem neugeborenen Kind Geschenke brachten, so bringen wir Kindern Geschenke. Ich habe unseren Kindern diesen Zusammenhang nie verschwiegen, nie große Geschichtengebäude vom Christkind oder vom Weihnachtsmann aufgebaut. Wir haben aber an Weihnachten immer ein klares Ritual aufrecht erhalten. Wenn der Baum mit den Kindern geschmückt war, wurde die Tür zum Weihnachtszimmer verschlossen. Ein Geheimnis war da. Nach Kirchgang und Essen gingen die Eltern in das Zimmer und entzündeten die Kerzen. Dann klingelte ein Glöckchen und die Kinder kamen. Nach dem Vorlesen der Weihnachtsgeschichte aus dem Lukasevangelium und einem gemeinsamen Lied wurden dann die Geschenke ausgepackt. Das Ritual kann anders aussehen, aber es macht einerseits das Geheimnis von Weihnachten deutlich: Licht scheint in der Finsternis. Und doch tut es nicht so, als werfe da irgendjemand Geschenke durch einen Kamin – verstricken Sie sich als Eltern nicht in komplizierten Geschichten. Je älter die Kinder werden, desto größer wird die Unglaubwürdigkeit.

Dass Kinder am Todestag des Bischofs von Myra nachts heimlich Geschenke bekommen, ist schon seit rund 500 Jahren ein schöner Brauch. Später trat dann der Nikolaus persönlich auf und wurde zu einem Tag der Prüfung für Kinder. Im Gedicht „Von drauß' vom Walde komm ich her ..." heißt es ja: „Nun sagt, was ich herinnen find, sind's gute Kind, sind's böse Kind?" So entstanden die Nikolausbegleiter mit der Rute, die Knecht Ruprecht, Kaubauf oder Hans Muff in den unterschiedlichen Regionen heißen. Ein bisschen Angst sollte da sein, der Nikolaustag wurde ein Erziehungsinstrument. Das finde ich sehr schwierig. Jesus liebt alle Kinder, auch die, bei denen nicht alles perfekt ist. Und Bischof Nikolaus war auch keiner, der die Kinder getestet hat – er hat sich den Bedürftigen zugewendet. Angst zu erzeugen durch die Prüfung oder das Androhen der Rute, passt für mich nicht zur Zuwendung Gottes zu den Menschen. Aber dass ein Kind ein Gedicht auswendig lernt und es aufsagt, wenn am Nikolausabend ein verkleideter Nikolaus kommt, das ist ein Ritual in Erinnerung an ein Vorbild im Glauben.

Wir können das gut ökumenisch gestalten. Die Heiligen sind ja, wie gesagt, die Menschen, die wissen, dass sie sich im Leben ganz und gar Gott anvertrauen können und müssen. Insofern kann ich auch vom Heiligen Nikolaus sprechen und von der Gemeinschaft der Heiligen. Den Kindern sagen, dass jemand kommt, der in der Tradition diesen Nikolaus darstellt, das ist in Ordnung. Unsere Kinder haben immer viel Spaß gehabt, wenn ganz heimlich und verkleidet mein Mann als Nikolaus kam, aber unser Hund ihn derart schwanzwedelnd und freudig begrüßt hat, dass ganz klar war, wer da kam ... ein bisschen Humor darf auch sein bei unseren Riten und Bräuchen, ein Augenzwinkern tut doch gut.

Wir feiern Nikolaus in Erinnerung an einen Mann, der seinen Glauben tapfer bekannt hat und sich besonders für Schwache einsetzte. In manchen Ländern, etwa in Holland, wird der Nikolaustag sogar größer gefeiert als Weihnachten. Wir sollten uns aber klar machen: der Nikolaus kommt heute nicht irgendwoher aus dem Himmel herab; vielmehr schenken Eltern oder Freunde und Bekannte Kindern etwas in Dankbarkeit für den Mann, der sich vor so vielen hundert Jahren für andere eingesetzt hat, vor allem für Kinder. Das feiern wir am 6. Dezember, seinem Todestag. Am Heiligen Abend feiern wir die Geburt des Christkindes. Das sind wunderbare Rituale des Glaubens.

Lieber Gott,
zu Weihnachten habe ich eine Puppe gekriegt,
die kann laufen und sprechen –
die ist bestimmt teuer. Viel zu teuer.
Die gebe ich dem Christkind gerne wieder,
wenn ich dafür einen Bruder oder eine Schwester
haben kann.

Von drauß', vom Walde komm ich her;
Ich muss euch sagen, es weihnachtet sehr!
Allüberall auf den Tannenspitzen
Sah ich goldene Lichtlein sitzen,

und droben aus dem Himmelstor
Sah mit großen Augen das Christkind hervor.
Und wie ich so strolcht durch den finsteren Tann,
da rief's mich mit heller Stimme an:
„Knecht Ruprecht", rief es, „alter Gesell,
hebe die Beine und spute dich schnell!
Die Kerzen fangen zu brennen an,
Das Himmelstor ist aufgetan,
Alt' und Junge sollen nun
von der Jagd des Lebens einmal ruhn;
und morgen flieg ich hinab zur Erden,
Denn es soll wieder Weihnachten werden!"
Ich sprach: „O lieber Herre Christ,
Meine Reise fast zu Ende ist;
Ich soll nur noch in diese Stadt,
wo's viele gute Kinder hat."
– „Hast denn das Säcklein auch bei dir?"
Ich sprach: „Das Säcklein, das ist hier;
Denn Äpfel, Nuss und Mandelkern
Fressen fromme Kinder gern."
– „Hast denn die Rute auch bei dir?"
Ich sprach: „Die Rute, die ist hier;
Doch für die Kinder nur, die schlechten,
Die trifft sie auf den Teil, den rechten."
Christkindlein sprach: „So ist es recht;
So geh mit Gott, mein treuer Knecht!"
Von drauß', vom Walde komm ich her;
Ich muss euch sagen, es weihnachtet sehr!
Nun sprecht, wie ich's hierinnen find!
Sind's gute Kind, sind's böse Kind?
Theodor Storm

25. Warum hört Gott so oft nicht unsere Gebete?

Ja, das ist auch für mich schwer zu verstehen. Aber Gott ist eben keine Maschine, in die wir einen Euro einwerfen und dann macht sie, was wir wollen. Vielleicht betest du für deinen Geburtstag um Sonnenschein und der Landwirt betet dringend um Regen. Wie soll es Gott allen Recht machen? Sicher bin ich mir aber, dass Gott dein Gebet hört. Gott nimmt auf, was du betest und wird dir zur Seite stehen, wenn du deinen Weg gehst, gerade auch da, wo es schwierig ist. Und Gott freut sich, wenn du ihm dankst, wenn es dir gut geht.

Zuallererst scheint mir sehr wichtig, dass Kinder überhaupt beten lernen. Sie haben viele Fragen und Ängste, und nicht alles können die Eltern auffangen. Manches Mal sind es ja auch die Eltern selbst, mit denen es schwierig ist, wenn sie streiten beispielsweise, wenn sie immer etwas auszusetzen haben, wenn sie sich auf eine Weise verhalten, die Kinder nicht einordnen können. Dass es da noch jemand ganz anderen gibt, jemanden, dem ich mich vorbehaltlos anvertrauen kann, das kann Kinder stark machen. Und Gott ist dann auch jemand, dem ich meinen Zorn mitteilen kann, etwa darüber, dass er nicht richtig zuzuhören scheint. Es ist gut, auch meinen Ärger mit Gott besprechen zu können.

Ich finde es traurig, wie viele Kinder in unserem Land nicht wissen, dass sie eine Beziehung zu Gott aufbauen können. Gerade Kinder haben ja ein tiefes Grundvertrauen. Vertrauen aber und Glaube sind im Lateinischen nicht umsonst dasselbe Wort: *fides*. Auch wenn Eltern selbst nicht an Gott glauben, sollten sie für ihr Kind doch diesen Weg nicht von vornherein verschließen.

Wie können wir Kindern erklären, was beten meint? Ich denke, es ist wie ein Gespräch mit einem guten Freund, einer guten Freundin. Da ist jemand, der zuhört, eine, die alles versteht, eine Person, die über den Dingen steht, die mich aber liebt, ja geschaffen hat. Mit großer Bewegung habe ich einmal einen Pfarrer erzählen hören, wie sehr ihn sein Vater demütigte, wie sehr er unter der Zurückweisung des Vaters gelitten hat – und wie entscheidend für ihn war, trotzig zu denken: aber mein Vater im Himmel, der liebt mich.

Kinder lernen Beten mit Leichtigkeit und Ernst zugleich. Es gibt viele wunderbare Kindergebete, die wir abends am Bett mit ihnen sprechen können. Und je älter Kinder werden, desto stärker können wir sie anleiten, eigene Worte zu finden, selbst zu formulieren und Gott zu sagen, was an diesem Tag geschehen ist an Gutem und Bösem. Das Gebet ist natürlich kein Mittel zum Einschlafen, aber das Wissen um Gottes Schutz in der Nacht kann Kindern viel bedeuten; das sollten Erwachsene nicht missachten. Aber auch Tischgebete sind für Kinder eine Einübung in den Glauben. Zu verstehen, dass das tägliche Essen ein Geschenk ist und nicht selbstverständlich, das ist wichtig. Es gibt inzwischen „Gebetswürfel", auf denen sechs verschiedene Gebete stehen: sie zu werfen, ist ein spielerisches Ritual, um dann das Mittagsgebet zu sprechen. Das kann auch zu einem wichtigen sozialen Ritual, zu einer Form des Miteinanders werden. Auch wenn Sie – allein als Erwachsene – bisher vor dem Essen nicht gebetet haben: Trauen Sie sich, es mit den Kindern zu tun. Es tut allen gut, eine Mahlzeit dankbar und achtsam zu beginnen. Es schmeckt irgendwie besser.

Bei meinen eigenen Kindern habe ich erlebt, wie sie Gebete sozusagen nebenbei gelernt haben, einfach, indem die Erwachsenen sie regelmäßig selbst gesprochen haben. Dann war zu spüren, wie stolz sie waren, wenn sie im Gottesdienst das Vaterunser ganz alleine mitsprechen konnten. Oder abends etwa

„Müde bin ich, geh' zur Ruh, schließe beide Augen zu ... Vater lass die Augen dein über meinem Bette sein. Alle, die mir sind verwandt, Gott lass ruhn in deiner Hand ..." An die Verwandten zu denken, war mir immer wichtig, es schafft Verbindung zwischen Menschen, es ist eine Form der Fürbitte, des Füreinander-Einstehens. Solche Gebete werden Kindern auch in den Sinn kommen, wenn sie allein sind, nicht weiter wissen, Angst haben. Gebete sind Zeichen von Gottesbeziehung.

Beten ist eine ernste Angelegenheit, das Gebet darf nicht inhaltsleer ritualisiert werden. Wenn ein Kind also fragt, warum Gott unsere Gebete nicht erhört, ist das ein Zeichen von Zweifel, manchmal Verzweiflung. In anderer Form haben Kinder die Frage so gestellt: Warum greift Gott nicht in die Probleme der Menschen ein? Zuallererst müssen wir diese Frage ernst nehmen, allzu oft ist sie ja auch unsere Frage. Wenn wir beten, dass jemand in großer Gefahr überleben möge, dass die Opfer des Erdbebens nicht an Hunger und Kälte sterben, ahnen wir allzu oft, dass diese Bitte nicht erfüllt werden wird. Die Antwort auf diese Frage ist nicht leicht. Wovon ich überzeugt bin: Beten ist nicht vergeblich. Andere spüren, dass wir an sie denken; eine durchbetete Welt ist eine veränderte. Und die Fürbitte für andere verändert auch mich, weil ich nicht bei mir selbst hängen bleibe.

Schließlich: Gott hört unsere Gebete, daran halte ich unerschütterlich fest. Aber Gott kann nicht alles Unrecht der Menschen, die den Verunglückten in New Orleans schneller helfen als denen in Kaschmir, beiseite fegen. Wir können nicht frei sein wollen und Gott dann das Unglück in die Schuhe schieben. Besonders bewusst geworden ist mir diese widersprüchliche Haltung bei zwei Flugzeugunglücken 2005: als in Kanada ein Flugzeug von der Landebahn abkam und alle Insassen vor dem zerstörerischen Feuer gerettet wurden, galt das ganze Lob der Crew. Als wenig später ein Flugzeug abstürzte und niemand überlebte, wurde gefragt, wie Gott so etwas zulassen kann. Die Menschen sind wählerisch, wenn sie Verantwortung verteilen.

Die Frage nach der Gebetserhörung ist keine banale, auch keine nur kindliche, sondern eine zentrale Frage von Menschen, die glauben, und Menschen, die zweifeln. Einfach noch ist die Erklärung beim Gebet um das „richtige" Wetter, fand ich immer. Wenn ich mir zum Geburtstag gutes Wetter wünsche, der Landwirt aber Regen, wer soll da „seines" bekommen? Wenn aber das Meerschweinchen trotz aller Gebete stirbt oder, noch schlimmer, ein Mensch, den die Kinder lieben: dann müssen wir deutlich sagen, dass Gott eben nicht auf Knopfdruck handelt. Nicht alle unsere Gebete werden *erhört*. Aber Gott *hört* alle unsere Gebete. Und dann mag es manchmal sein, dass ein Weg unabänderlich scheint; doch auch da kann sich, wo eine Tür zugeht, ein Fenster öffnen. Wenn wir traurig sind und verzweifelt, dann steht Gott uns auf jeden Fall zur Seite, weil er unsere Gebete hört.

Schon in der Bibel können wir lesen, wie Menschen füreinander beten. Paulus etwa bittet die Christen in Rom, ihm zu helfen, indem sie für ihn beten (Römer 15,30). Es geschieht etwas durch das Gebet. Nicht immer erhört Gott es nach dem Prinzip von Ursache und Wirkung. Aber das Beten verändert die Welt positiv.

Lieber Gott, ich danke dir, dass wir was zu essen haben, und ich danke dir, dass ich eine nette Mutter habe, die mir immer meine Wäsche macht und die mir Essen kocht. Und ich danke dir, dass ich auch nette Freunde habe, die mir helfen in großer Not. Und dass ich auch einen netten Vater habe, der immer mit mir Fußball spielt und er übt immer Englisch. Danke.
Kevin

Komm, Herr Jesus, sei du unser Gast.
Und segne uns und was du uns bescheret hast.
Tischgebet

26. Konnte Jesus zaubern?

Nein, Jesus war kein Zauberer! Die Wunder, die er gewirkt hat, waren keine Schauwunder, mit denen er einfach zeigen wollte, was er alles kann, und sie haben sich auch niemals gegen Menschen gerichtet. Jesus hat auch kein Wunder gewirkt, um sich selbst vor dem Tod zu retten.

Wenn du einmal eine Wundergeschichte liest, stellst du fest: es geht um Gottvertrauen. Kranke Menschen haben in der Begegnung mit Jesus gespürt, dass sie neues Vertrauen fassen können in Gott und in sich selbst, dass es neue Möglichkeiten gibt im Leben. Und Jesus konnte auch heilen, Menschen sind gesund geworden, wenn er sich ihnen zugewendet hat. Das, was sie gelähmt hat in Angst und Verzweiflung, fiel von ihnen ab, sie haben einen Weg für sich und einen Weg mit ihren Familien und Freundinnen und Freunden gefunden.

Ja, mit den Wundern haben wir so unsere Probleme. Zu schön, um wahr zu sein? Nein: Ich würde nie leugnen, dass es Wunder gibt. Es geschehen Dinge zwischen Himmel und Erde, die wir nicht begreifen. Und manches sollten wir auch als Wunder sehen, wenn etwa die Zeitung meldet, auf Glatteis sei ein Auto von der Straße durch die Hauswand in ein Kinderzimmer geschleudert worden und das dort schlafende fünfjährige Mädchen blieb völlig unversehrt. Das ist wie ein Wunder, zumindest ist es eine wunderbare Bewahrung.

Was Jesus betrifft, müssen wir zunächst das antike Weltbild beachten, das der Kontext der Geschichten ist. „Man kannte keine unumstößlichen Naturgesetze. Heilungen oder Totenauferweckungen galten zwar als außergewöhnlich, aber nicht als ‚widernatürlich'."[12] Jesus hat ganz gewiss geheilt und manches bewirkt, was als Wunder erschien. Aber nie hat er gezaubert, um seine Macht zu demonstrieren, dagegen hat er sich immer wieder verwahrt. Jesus wirkte Wunder nicht zu Demonstrationszwecken.

Wir sollten Wunder zuallererst nicht als ein Außerkraftsetzen der von Gott geschaffenen Ordnung sehen, „supranaturalistisch" sozusagen. Damit wäre Gott ja geradezu willkürlich, weil er sich mal bei dem einen, mal bei der anderen über die selbst geschaffene Ordnung, die er bei der Schöpfung als „gut" bezeichnet, hinweg setzte. Aber auch rationalistische Erklärungsversuche, etwa, dass das Wandeln auf dem Wasser des Sees Genezareth durch herum schwimmendes Holz möglich war, erscheinen eher weit hergeholt. Ich finde es hilfreich zu sehen, dass auch in der Bibel nicht von einem Brechen der Naturgesetze die Rede ist, sondern von Vorgängen, die Staunen hervorrufen. Jesus hatte eine ganz besonders charismatische Persönlichkeit, erklärt der Bibelforscher Gerd Theissen. Er konnte einen „Spielraum der Natur" nutzen, den wahrzunehmen jemand vielleicht eine besondere Begabung braucht.

Wir können Kindern bei der Frage nach den Wundern wohl dreierlei klar machen: Zum einen gibt es Wunder, wenn Menschen in einer gefährlichen Situation, in einem Unglück bewahrt werden, wenn Krankheiten heilen, wenn Streit beendet wird. Das ist aber keine Zauberei. Vielmehr können wir Gott dankbar sein, weil etwas möglich wurde, weil es eine positive Wende gab, wie wir es nicht erwartet hätten. Das bedeutet nicht, dass Krankheit Strafe Gottes wäre: Das ist sie nicht, das ist ganz wichtig, wir können das in den Geschichten von Jesus lesen. Gott hält uns nicht wie Marionetten und lässt den einen krank sein und die andere gesund werden. Es gibt durchaus Wunder, aber wir können nicht mit ihnen rechnen.

---

[12] Ev. Erwachsenenkatechismus, aaO., S. 197.

Zum anderen: Es hat die Wunder wohl gegeben, von denen die Bibel berichtet, sie sind weder bewiesen noch widerlegt. Aber damit wird Jesus nicht zu einem Zauberer. Er hatte eine ganz besondere Persönlichkeit und Kraft, ein Charisma, das Besonderes wirken konnte. Ihm ging es aber gar nicht so sehr um die Wunder, sondern darum, dass wir uns Gott anvertrauen im Leben und im Sterben. Und solches Gottvertrauen kann uns manches Mal innen heil werden lassen. Deshalb nennen wir Jesus auch unseren Heiland.

Schließlich hat Gott das eine große Wunder gewirkt: die Auferstehung. Der Tod ist nicht das Ende, da sind in der Tat die Naturgesetze durchbrochen, die wir erkennen und verstehen. Auf diese Zukunft Gottes weist Jesus bei seinen Heilungen immer wieder hin. Seine Wunder sind Zeichen, weil sie zeigen, wie das Reich Gottes sein wird, ohne Leiden, ohne Angst, ohne Krankheit.

Vielleicht lesen Sie mit Ihrem Kind eine Wundergeschichte und sprechen darüber, was dort geschieht. Sehr eindrücklich ist jene von dem Gelähmten, den Freunde durch das Dach eines Hauses zu Jesus herunterlassen (Markus 2,1-12). Es geht in der Geschichte um den Glauben. Jesus sieht den Glauben, das Gottvertrauen derjenigen, die alles tun, um den Gelähmten zu ihm zu bringen. Sie verstoßen dabei gegen einige Regeln, denn Kranke galten als unrein. Und ein Dach abzudecken, um zu Jesus zu kommen, ist sicher auch nicht alltäglich. Weil Jesus ihr Gottvertrauen sieht, vergibt er dem Gelähmten die Sünden; das empfinden einige offenbar als Provokation. Erst danach sagt Jesus: „Steh auf, nimm dein Bett und geh heim." Für ihn ist es gar nicht das Zentrale, dass der Gelähmte wieder gehen kann. Sondern von Gott frei gesprochen zu werden, Gottes Zuwendung anzunehmen, darum geht es.

Ja, es wird schwierig sein, das mit Kindern differenziert zu besprechen, auch wir Erwachsenen haben immer wieder Probleme damit. Mir ist es aber wichtig, Gott eben nicht zum Zauberer zu degradieren. Zauberer wollen beeindrucken, eine Show abziehen. In manchen Traditionen ist Zauberei auch gefährlich für Menschen. So ist es mit Wundern nicht. Trotzdem müssen Sie Ihren Kindern nicht verbieten, „Harry Potter" zu lesen. Ich finde, das Ganze sollte bleiben, was es ist: eine spannende Erzählung für Kinder. Als Kind habe ich auch gern Märchen gelesen, in denen Hexen und Zauberer vorkamen, ich habe mich mächtig gefürchtet und war froh, wenn alles ein gutes Ende nahm.

Aber so schön Märchen und Geschichten sein können: Es sind Märchen und Geschichten. Und natürlich ist gerade bei auch unheimlichen, spannenden oder gruseligen Geschichten immer darauf zu achten, dass sie der Reife des Kindes entsprechen. Ich finde, die Kinoverfilmung von Harry Potter hat durchaus auch brutale und beängstigende Szenen. Da sollten Eltern genau überlegen, was für ihr Kinder verkraftbar ist und am besten selbst mit ins Kino gehen oder die DVD zu Hause mit den Kindern ansehen. Ein Film ist zu Hause wesentlich weniger einschüchternd als im Kino, wo Kinder ihm ganz anders ausgeliefert sind. Eine meiner Töchter hat sich einmal bei einem Goofyfilm ohne Altersangabe so erschreckt, dass sie so schnell wie möglich aus dem Kino hinaus wollte – einem solchen Wunsch sollten Eltern auch sofort nachgeben. Was also das Zaubern betrifft: Auf das Alter der Kinder achten! Und es zu dem machen, was es ist: zu manchmal spannenden Geschichten, die aber eben Geschichten sind. Außerdem können wir ruhig zugeben, dass wir manches Mal gern selbst zaubern könnten, etwas ungeschehen machen oder etwa jemandem helfen würden, dem wir nicht wirklich helfen können. Wir sind eben nicht allmächtig. Manches Mal ist es sicher auch gut, Zauberer zu entzaubern, indem ein Zauberkasten angeschafft wird, mit dem Kinder selbst kleine Tricks lernen können. Oder indem überlegt wird, wie das denn nun ist mit der zersägten Dame ...

Jesus ging es nicht in erster Linie um Wunder. Für ihn geht es zuallererst um die Botschaft vom Gottvertrauen – das in unserem Leben dann allerdings Wunder wirken kann. Die Botschaft von der Liebe kann etwas verändern in unserem Leben, durch uns selbst und durch andere. Das kann wunderbar sein. Weil wir neue, ungeahnte Kräfte finden, weil wir neue Chancen finden im Leben. Das eine wahre Wunder ist, dass der Tod nicht das Ende bedeutet.

Lieber Gott,
danke dass du meine Familie bei dem Autounfall beschützt hast.
Ich bin dir dankbar dafür. Danke, dass wir noch leben.
Justine

Vertrauen wagen dürfen wir getrost,
denn du, Gott, bist mit uns, dass wir leben.
Unrecht erkennen sollen wir getrost,
denn du, Gott, weist uns den Weg einer Umkehr.
Glauben bekennen wollen wir getrost,
denn du, Gott, weist uns den Weg deines Friedens.
Vertrauen wagen dürfen wir getrost,
denn du, Gott, bist mit uns, dass wir lieben.
Fritz Baltruweit

27. Warum geben die reichen Menschen den armen Menschen nichts ab?

Ja, du hast Recht, das ist schrecklich. Ich kann manchmal gar nicht einschlafen, wenn ich die Bilder sehe von Kindern, die hungern, die nicht versorgt werden, die nicht wissen, wie sie morgen überleben sollen. Die Welt ist ungerecht, und wir müssen uns dafür einsetzen, dass alle Menschen zu essen und zu trinken, eine Wohnung und einen Arzt haben.

Viele reiche Leute wollen auch etwas abgeben, nur ist das gar nicht so einfach. Aber ich bin überzeugt, es kommt auch auf jeden und jede von uns an. Schließlich wohnen wir in einem reichen Land, und die meisten Menschen auf der Welt sind ärmer als wir. Wir können etwas tun, etwa indem wir hier nur Sachen kaufen, die auch „fair gehandelt" sind. Das heißt, Menschen in den armen Ländern werden anständig bezahlt für den Zucker oder den Kaffee, den sie anbauen. Kennst du einen Dritte- oder Eine-Welt-Laden? Vielleicht suchst du mit deinen Eltern mal einen in deiner Nähe. Oder hast du im Supermarkt schon mal geguckt, ob es Kaffee aus fairem Handel gibt? Vielleicht kannst du dich auch engagieren in deiner Schule oder mit deiner Familie und eine Patenschaft für ein armes Kind übernehmen.

Wie wir Erwachsene empfinden auch Kinder Armut und Hunger in einer Welt voller Überfluss unerträglich. Ja, da ist ein schlechtes Gewissen. Aber die alten Drohungen – du isst deinen Teller nicht leer und ein Kind im Sudan wäre froh, wenn es deine Mahlzeit hätte – sind weder pädagogisch hilfreich noch entsprechen sie ja der Realität. Wir können unser Fleisch und unsere Milch eben nicht in den Sudan schicken, die Welt ist leider unendlich viel komplizierter. Ich sehe, ehrlich gesagt, nicht, dass es sinnvoll ist, ein Kind langwierig einzuführen in die Bedingungen der Globalisierung. Zudem gibt es sehr unterschiedliche Bedingungen in den Ländern des Südens, in denen manches Mal – zum Beispiel in Simbabwe –, ja auch die Regierung erkennbar mitverantwortlich ist für den Nahrungsmangel. Die eigene Hilflosigkeit zugeben, aber nicht an ihr ersticken, das ist wahrscheinlich der Weg nach vorn. Kleine Schritte finden, die wir gehen, bei denen wir uns engagieren können.

Ein anderes Kind fragte auch ganz tiefgründig: Warum liegt alles am Geld? Und diese Erkenntnis ist für Kinder natürlich bitter. Die einen haben Geld, alles ist ganz locker, sie können sich alles leisten; andere nicht. Ungerechtigkeit wird von Kindern tief und fundamental empfunden.

Wir können, denke ich, zweierlei leisten. Zum einen geht es um die Umgebung des Kindes. Wenn wir in einer Familie leben, die finanziell gut da steht, kann ich andere Kinder einladen – in den Ferien etwa, kann sie mitnehmen ins Kino, kann ihnen den Schwimmkurs oder den Musikunterricht bezahlen, indem ich sage, ich tue das für mein Kind, damit es nicht so allein ist. Gönnerhaft, herablassend darf so ein Engagement nie wirken. Sondern die Freude daran, dass wir füreinander einstehen, muss im Vordergrund stehen, die Dankbarkeit für die Möglichkeiten, die wir haben. Ich bin überzeugt, Dankbarkeit für das tägliche Brot kann ein Mensch als Lebenshaltung lernen. Wenn wir in einer Familie leben, in der das Geld knapp ist, in der vieles nicht möglich ist, gilt es, den Kindern ihre eigene Würde klar zu machen. Sie sind nicht weniger wert als andere! Erhabenen Hauptes können sie zur Schule gehen, auch ohne Nikes. Das ist auch schwer, ich weiß. Aber Liebe und Vertrauen sind nicht zu kaufen. Und vieles, ein Spieleabend, ein Spaziergang, ist kostenlos, stärkt aber die Seele.

Und was die so genannte Dritte Welt betrifft, können wir mit unseren Kindern über fairen Handel sprechen. Vielen leuchtet etwa das Kaffeebeispiel sehr schnell ein. Wir können auch als

Familie ganz konkret eine Patenschaft etwa im Rahmen der Kindernothilfe übernehmen. Projekte wie „Weltweit wichteln" oder „Weihnachten im Schuhkarton" geben Kindern die Möglichkeit, sich konkret zu engagieren. Mir ist sehr wohl bewusst, dass solche Projekte auch umstritten sind. Da ist etwa die Frage, ob sich Menschen in den reichen Ländern des Nordens damit einfach nur ein gutes Gewissen verschaffen wollen, indem sie ihren Überfluss weitergeben, ohne dass es ihnen weh tut. Mit Teilen habe das nichts zu tun. Aus entwicklungspolitischen Gesichtspunkten verstehe ich die Kritik. Aber ich halte die Horizonterweiterung von Kindern für einen gewichtigen Ausgangspunkt, damit sie zu aufrechten Menschen werden, die sich nicht in Egomanie verlieren, sondern ein Herz für andere, ein Bewusstsein für weltweite Solidarität entwickeln.

Dabei wird immer wichtig sein, die anderen nicht zu Objekten unserer Wohltätigkeit zu machen, zu den Armen, denen wir etwas geben. Das Kind in Äthiopien ist ein Mensch wie du und ich, hat aber weniger Glück gehabt mit seinem Geburtsort. Es ist für mich auch nicht irgendein schwarzes Kind in Afrika, sondern wie ein Bruder, eine Schwester. Subjekt, nicht Objekt – dieser Grundgedanke des Christentums ist entscheidend. Und dass Ungerechtigkeit zum Himmel schreit, das sagt schon die Bibel. Dass es unsere Hoffnung ist, dass Gerechtigkeit und Friede sich küssen werden, dass sie also wunderbar harmonieren zur Freude der Menschen, davon singen schon die Psalmen (etwa Psalm 85).

Wir können Kindern ruhig eingestehen, dass auch wir verzweifeln an ungerechten Strukturen. Aber bei der Hilflosigkeit sollten wir nicht stehen bleiben. Ich denke, Kinder, die nach Hunger und Gerechtigkeit fragen, sollten ein Projekt, ein Engagement finden, in dem sie Verantwortung übernehmen oder die Familie sich engagiert. Erziehung mit dem schlechten Gewissen, die Wirklichkeit der anderen zu verdrängen, bringt nicht weiter. Uns Erwachsene doch auch nicht. Aber Wege zur Solidarität, zum Miteinander, die führen zu neuen Horizonten.

Und für Kinder zu politischem Denken, zu Wachheit und schließlich zu Engagement für eine bessere Welt.

Ich wünsche mir, dass die Erde bleibt.
Ich wünsche mir, dass die Menschen nett werden.
Ich wünsche mir, dass es keine schwarzen Löcher
mehr gibt.
Ich wünsche mir, dass die armen Leute
auch Geld kriegen.
Niklas

Nichts wird,
Nichts ist,
Nichts bleibt im Himmel
Und auf Erden
Als diese Zwei:
Das eine ist Tun,
Das andre Werden.
Angelus Silesius

28. Warum gibt es Krieg?

Es ist furchtbar, dass es Krieg gibt. Ich habe selber auch Angst davor, weil Menschen einander im Krieg ganz schreckliche Dinge antun, und weil Waffen eine so entsetzliche Zerstörung anrichten. Und ich kann auch nicht verstehen, warum es Krieg gibt. Es wissen doch alle, dass dadurch immer nur Leid und Schrecken und Tod kommen.

Kriege entstehen genau wie jeder andere Streit und Hass zwischen Menschen.

Lass uns zusammen versuchen, das zu verstehen. Wenn Menschen gedemütigt werden, entwickeln sie manchmal einen richtigen Hass auf andere und wollen unbedingt beweisen, dass sie die Stärkeren sind. Sie fühlen sich im Recht und wollen's den anderen so richtig zeigen. Dadurch entsteht eine Entwicklung, die sie gar nicht mehr kontrollieren können. Kennst du das bei dir, in der Schule vielleicht? So einen Streit, weil einer zeigen will, dass er der Bessere ist und sich das nicht mehr gefallen lässt? Oder hast du das selbst schon einmal erlebt: Da ist einer, der dich ganz gemein geärgert hat, und du würdest es ihm gern heimzahlen?

Manchmal gibt es eine große Spannung zwischen zwei Menschen oder auch zwei Völkern. Und dann kommt ein Ereignis, das bringt das Fass zum Überlaufen und ein Krieg beginnt. Das kannst du auch schon in der Bibel nachlesen. Beispielsweise im 1. Buch Samuel im 13. Kapitel: Die Spannung zwischen den Philistern und dem Volk Israel ist schon groß. Es gibt ein Gerangel: Wem gehört das Land, wo sind die Grenzen? Dann erschlägt Jonatan die Wache der Philister, und der Krieg beginnt.

So war es auch beim Ersten Weltkrieg, so war es bei manchem anderen Krieg – ein Funke in einer angespannten Situation, und die Lunte brennt, der Krieg ist nicht mehr aufzuhalten. Aber es gibt auch geplante Kriege, weil ein Volk größenwahnsinnig wird und meint, es brauche mehr Land oder müsse die Vorherrschaft gewinnen. Meistens ist das aber nicht ein ganzes Volk, sondern es sind einige wenige größenwahnsinnige Menschen. Ich denke, die meisten Menschen wollen in Frieden leben, arbeiten und ihre Kinder großziehen.

Was können wir tun? Für mich ist das Gebot Jesu ganz klar. Er sagt: Selig sind die Friedfertigen. Und im Alten Testament finden die Propheten große Hoffnungsbilder für den Frieden: etwa, dass Schwerter zu Pflugscharen werden sollen. Es ist oft nicht einfach, sich gegen Streit und Krieg zu engagieren. Ich bin aber überzeugt, es ist eher feige, zu einer Waffe zu greifen, und eher mutig, zu sagen: Ich werde nicht auf andere einschlagen oder schießen. Wir können uns nur gegenseitig unterstützen, damit möglichst viele Menschen in der Welt diesen Mut haben.

Krieg macht Kindern Angst. Aber was heißt da Kindern? Krieg macht doch auch Erwachsenen Angst. Ich jedenfalls fürchte mich vor Krieg, weil ich beim Blick in die Geschichte sehe, wie Krieg immer wieder das Schlimmste im Menschen hervorbringt. Und Kinder ahnen das. Sie sehen unendlich viele Bilder von Krieg, vor denen wir sie nicht schützen können. Sicher, wir können die Bilder filtern, die sie sehen, wir können versuchen, sie schonend mit diesen Bildern zu konfrontieren. Aber da ist der Krieg im Irak, da war der Jugoslawienkrieg, Bürgerkriege in Afrika, ja selbst alte Bilder aus dem Vietnamkrieg und natürlich aus dem Ersten und Zweiten Weltkrieg gehören zur Realität, die Kinder wahrnehmen. Krieg ist eine grausame Normalität in unserer Welt. In den Kindergebeten taucht sie immer wieder auf.

Ich denke daher, wir müssen mit Kindern ganz offen über Krieg sprechen. Vielleicht gibt es in Ihrer Familie Ältere, die darüber erzählen können, oder auch Nachbarn. Inzwischen gibt es in unserer Umgebung oft auch Flüchtlinge, in der Schule Ihrer Kinder Jungen und Mädchen aus Flüchtlingsfamilien, die vom Krieg erzählen. Mir ist wichtig, wenn wir über den Krieg sprechen, dass wir auch die Verführbarkeit zum Krieg deutlich machen. Wir Menschen sind verführbar zum Hass, das kennt auch schon ein Kind. Und Hass führt zu Gewalt, kann zur Verblendung benutzt werden. Da kommt es darauf an, sehr sensibel zu reagieren, wenn ein Kind sagt: Alle Ausländer sind Schmarotzer! Solche Sprüche werden aus Kindergarten und Schule ja doch in unsere Häuser getragen. Da müssen wir nachhaken und nachfragen und mit den Kindern ringen um das Bewusstsein von der Würde jedes Menschen. Wir können ihnen Beispiele aus der Geschichte nennen, wie etwa „die Juden" plötzlich zum Staatsfeind wurden, wie ihre Menschenwürde in Frage gestellt wurde und dann Mord und Totschlag legitim schienen.

Am besten erzählen sich solche Geschichten konkret. Kein Wunder, dass es der Film „Holocaust" war, der Deutschland mehr erschütterte als alle Dokumentationen. Darin ging es auf einmal um Menschen wie du und ich, Menschen, die lieben und fühlen, das war nicht „der Gegner", „der Feind". Kinder verstehen schon sehr gut, was die Entstehung von Feindbildern bedeutet: „Jeder Stoß ein Franzos" – diese Parole des Ersten Weltkrieges ist doch heute unvorstellbar für uns.

Wenn wir über den Krieg sprechen, können wir Kindern also die Feindbildproduktion und die Verführung zu Hass und Gewalt vor Augen führen. Viele Kinder sind schnell dabei, andere zu verachten, ja zu hassen – weil sie nicht zur eigenen Gruppe gehören oder anders aussehen oder warum auch immer. Sie sind sehr betroffen, wenn wir ihnen zeigen, wohin genau das führen kann in der Welt der Erwachsenen. Andere Kinder haben schlicht Angst. Diese Angst sollten wir nicht leichtfertig beschwichtigen, denn wir selbst haben doch auch Angst vor Krieg. Ich denke, mit solcher Angst lässt sich am besten umgehen, wenn sie in aktive Bahnen gelenkt wird. Vielleicht können Sie von Vorbildern im Widerstand erzählen: Martin Luther King, Mahatma Gandhi, Nelson Mandela, Aung San Suu Kyi – Vorbilder im Widerstand gegen Gewalt. Das waren und sind Menschen, die der Gewalt ins Gesicht sehen und eben nicht als Weicheier gelten, sondern als „Helden". Weil es mehr Kraft kostet, der Gewalt zu widerstehen, als Gewalt anzuwenden. Erinnern wir uns auch an die Seligpreisungen, in denen die vermeintliche Schwäche als Stärke, als Haltung, als Weg zu erfülltem Leben zum Ausdruck kommt.

In diesem Zusammenhang ist vielleicht auch ein Gespräch über den Tod Jesu am Kreuz möglich. Im Gespräch mit Gläubigen anderer Religionen wird immer wieder deutlich, wie schwer es zu verstehen ist, dass wir glauben, ein Mensch, der elend am Kreuz starb, der Schwäche zeigte, sei unser Gott. Und doch ist gerade dieser sterbende Mann am Kreuz die schärfste Provokation für alle, die an Macht und Gewalt hängen. Die scheinbar so mächtigen Gewaltigen wie Stalin, Hitler oder Mao Tse Tung werden verachtet in der Geschichtsschreibung. Die Liebe der Menschen bleibt bei den Mutigen, die den Weg der Gewaltfreiheit gingen. Dabei ist mir klar, dass ein solches Gespräch besonders schwierig ist, wenn Jungen gerne mit Spielzeugpistolen ballern oder am Computer „Ballerspiele" spielen. Hier die richtige Balance zu finden, ist nicht leicht. Dafür habe ich auch kein Geheimrezept. Das kategorische Verbieten wird ebenso wenig weiterführen wie ein belehrendes Moralisieren. Wahrscheinlich hilft auch hier wieder ein Gespräch am besten: Ballern als Spiel zwischen Jungen ja, aber begrenzt und im Wissen, was Waffen anrichten können. Die Totalbremse wird wenig helfen, eher die kritische Begleitung dieser Phase und eine gewisse Gelassenheit, dass sie vorbei geht.

Und wenn Kinder älter werden, wollen sie ja auch konkret handeln. Ich denke schon, ein Engagement in der Friedensbewegung, in der ökumenischen Dekade „Gewalt überwinden", in einem Schulprojekt für Konfliktlotsen oder ähnliches kann sehr sinnvoll sein. Da gibt es viele Möglichkeiten, und die Erfahrung, die ein Kind oder Jugendlicher dabei macht, ist unschätzbar. Denn darin wird deutlich: Wir können etwas tun. Es zählt, wie du handelst, wie du lebst, du leistest einen Beitrag. Wir können uns einreihen in die Koalition derer, die für Gewaltfreiheit eintreten. Ganz konkret im Alltag und weltweit.

Lieber Gott, hör uns mal zu.
Du lässt viele unschuldige Kinder und Eltern
im Krieg sterben.
Viele Tiere sterben und Häuser werden zerstört.
Die Menschen, die noch leben,
müssen die Häuser wieder aufbauen
Und manchmal nach toten Menschen graben.
Ich finde das ungerecht. Amen.
Marlen

Erziehung zum Frieden ist Erziehung zur Empfindsamkeit, ja zur Empfindlichkeit: zum Leiden am Unrecht, an der Mißachtung, an der Gleichgültigkeit, den Schmerzen und Ängsten, die anderen und mir widerfahren, lange bevor sie zur Gewalt drängen. Dazu gehört, dass man den eigenen Standpunkt verlässt. ... Erziehung zum Frieden ist Erziehung zur Veränderung der Welt. Das schließt die Veränderung unserer selbst ein – unseres Lebens, unserer Bewertungen und nicht zuletzt auch der Fragen, die wir stellen.
Hartmut von Hentig

29. Warum muss man Süßes teilen?

Teilen ist manchmal schwer, das weiß ich. Da hast du endlich was Schönes ganz für dich und dann soll jemand anderes etwas davon abhaben. Deshalb würdest du es am liebsten festhalten. Ich habe als Kind einmal Süßes versteckt, und als ich es endlich heimlich essen wollte, da war die Schokolade ganz weiß und gammelig und die Bonbons klebten – widerlich. Teilen macht doch einfach auch Spaß. Wie freuen sich deine Freundin oder dein Bruder, wenn du etwas Schönes mit ihnen teilst! Wir sollen teilen, weil es Freude macht, weil Menschen miteinander leben. Und auch auf der Welt wäre es viel besser, wenn wir alles teilen würden, oder?

Machen wir uns nichts vor: Teilen ist schwer, auch für Erwachsene. Vom Überfluss abgeben – das ist etwas ganz anderes. Teilen meint ja, etwas hergeben, was mir wichtig ist! Zuallererst würde ich ein Kind nicht zwingen zu teilen. Pflichtverordnetes Teilen führt nur zu Säuerlichkeit und gerade nicht zu einer großherzigen Lebenshaltung. Wenn ein Kind etwas Süßes geschenkt bekommt, vielleicht von der Großmutter, ist es erst einmal seins. Das ist wichtig, gerade in einer größeren Familie. Und die Puppe ist auch erst einmal die eigene Puppe. Es ist völlig normal, dass ein Kind festhält, was ihm gehört, es lernt ja gerade erst, sich abzugrenzen. Und das ist ein schwieriger Prozess. Wissen, was mir gehört, ist auch ein Schritt in die Individualität. Und wenn Sie ein Einzelkind haben, ängstigen Sie sich nicht gleich, es könnte, wenn es das Eigene fest hält, irgendeine falsche Entwicklung nehmen. Oft habe ich erlebt, dass es Eltern geradezu peinlich ist, wenn ihr Kind nicht sofort und spontan mit anderen das Spielzeug teilt. Doch Konflikte um „meins" und „deins" können wir nicht einfach unterbinden, indem wir moralisch sagen: Aber du sollst doch teilen! Solche Abgrenzungskonflikte unter Kindern müssen wir zulassen, sie sind nicht schädlich, sie sind normal. Auch wir Erwachsenen wollen sehr wohl wissen, was das eigene ist. Und wir wollen auch nicht, dass uns jemand mit erhobenem Zeigefinger sagt, was wir zu teilen haben und was nicht.

Dass Teilen schön sein kann, lernen wir nur durch Erfahrung. Die Eltern spielen deshalb eine große Rolle. Wie gerne geben wir anderen beispielsweise von unserer Zeit? Teilen wir unser Essen am Tisch gern mit anderen, laden wir Gäste ein, teilen wir auch unser Geld, etwa bei der Kollekte im Gottesdienst? Die Kinder werden das sehr genau wahrnehmen. Und dann kommt vielleicht ein Punkt, an dem auch ein Kind tatsächlich erfährt: Es freut sich an der Freude des anderen, mit dem geteilt wurde. Wenn der kleine Bruder überglücklich ist, dass er auch ein paar Gummibärchen abbekommt. Oder wenn das Mädchen in der Kindertagesstätte das mitgebrachte Leberwurstbrot einfach köstlich findet.

Die meisten Kinder, die ich kenne, sind sehr offen und einfühlsam. Wenn sie vom Kummer eines anderen Kindes erzählen, können wir mit ihnen überlegen: Was könnte dem anderen Kind gut tun. Können wir ihm irgendwie beistehen, damit es sich besser fühlt? Und die Kinder werden merken, auch ich fühle mich gut, wenn ich etwas Gutes tun kann.

In der Bibel gibt es viele schöne Geschichten zum Thema. Am bekanntesten ist sicher die vom Barmherzigen Samariter (Lukas 10,25ff.). Noch schöner finde ich aber die von der Speisung der 4000 (Matthäus 15,32ff.). Darin wird deutlich: Wenn jeder nur das eigene festhält, entsteht keine Gemeinschaft, und niemand wird satt. Wenn wir aber miteinander teilen, dann reicht es für alle, und es ist auch noch ein wunderbares gemeinsames Erlebnis. Und es gibt es auch den Martinstag mit der Geschichte vom geteilten Mantel. Die Kinderzeitung „Benjamin" hat dazu in dem Heft „Helfen und Teilen. Mach es wie Martin" einen Bogen gespannt von der Geschichte von Martin über Teilen bei uns bis zu den Nöten und auch den Rechten von Kindern in aller Welt.

Denn dieser letzte Aspekt ist auch wichtig: Es geht ungerecht zu in der Welt, weil die Reichen nicht mit den Armen teilen wollen. Wir sollten das Bewusstsein der Kinder für das Unrecht in der Welt nicht unterschätzen. Und dazu müssen wir ihnen dann auch Rede und Antwort stehen. Wir können nicht vertuschen, dass es in der Tat in dieser Welt nicht gerade eine Grundhaltung des Teilens gibt oder eine Ethik des „Genug". Aber wir können überzeugend klar machen, dass wir uns bemühen, dafür einzutreten. Auch hier sind Ehrlichkeit und Glaubwürdigkeit der Eltern, Großeltern, Freunde und Paten gefragt. Dazu gehört vielleicht auch, dass wir auch unsere eigene Hilflosigkeit eingestehen angesichts des Phänomens, das als „Globalisierung" beschrieben wird. Nie aber sollte dies zu Entmutigung führen. Gewiss sind auch wir Erwachsenen angesichts der Komplexität der Zusammenhänge und der strukturellen Ungerechtigkeit, die wir sehen, manchmal überfordert. Um so mehr aber könnten uns unsere Kinder helfen, nicht zu resignieren: indem sie nicht locker lassen, auch kleine Maßnahmen, Unterstützungsmöglichkeiten oder das Aufbrechen von eingefahrenen Bequemlichkeiten einzufordern. Das Süße teilen: dies gilt auch für die Großen. Unser Glaube gibt uns immer wieder die Hoffnung, dass Menschen in aller Welt wie wir teilen wollen und dass wir deshalb mit ihnen auch etwas verändern können in dieser Welt.

Lieber Gott,
ich kann nicht schlafen,
ich habe meinen Freund geärgert, und dann ist er
plötzlich weggefahren.
Ich weiß nicht, wie ich mich wieder mit ihm
vertragen soll.
Bitte sag es mir.
Amen.
Jannik

Christus hat keine Hände, nur unsere Hände, um seine Arbeit heute zu tun.
Er hat keine Füße, nur unsere Füße, um Menschen auf seinen Weg zu führen.
Christus hat keine Lippen, nur unsere Lippen, um Menschen von ihm zu erzählen.
Er hat keine Hilfe, nur unsere Hilfe, um Menschen an seine Seite zu bringen.
Aus dem 14. Jahrhundert

Wie sag ich's meinem Kind?[13] – Kinder brauchen Religion

Christliche Erziehung
Johann Wolfgang von Goethe hat einmal den weisen Satz gesagt: Wenn unsere Kinder klein sind, sollen wir ihnen Wurzeln geben, und wenn sie groß sind, ihnen Flügel lassen. Ich weiß, dass die Wurzeln und die Flügel im Bild nicht so genau zusammen passen, und trotzdem scheint mir das spontan einsichtig. Zuallererst brauchen Kinder Wurzeln. Es ist in unserer Welt der Mobilität, der Fernsehprogramme, des Internets und des Handys ohnehin schwer, Kinder zu erziehen. So viele Wertigkeiten und Bilder strömen auf sie ein, dass die Eltern darum ringen müssen, diese Wurzeln stark zu machen. Für mich ist der christliche Glaube eine ganz entscheidende Wurzel. Kinder lernen durch ihn Vertrauen zu Gott, Vertrauen in das Leben. Viele Eltern heute scheuen sich aber, christlich zu erziehen, sind selbst unsicher geworden in ihrem Glauben und meinen, das könnten ja dann die Kindertagesstätte oder vielleicht der Religions- oder Konfirmandenunterricht leisten. Immer wieder höre ich den Satz: Mein Kind soll eines Tages selbst entscheiden, ob es zur Kirche gehören will oder nicht. Im Prinzip ist das richtig. Ein Mensch muss selbst Verantwortung übernehmen, sich selbst zum Glauben stellen. Aber ich kann mich nur für oder gegen eine Religion entscheiden, die ich auch kenne.

Der jüdische Philosoph Martin Buber hat einmal gesagt, es gebe zwei Weisen, zum Glauben zu finden. Das eine sei der

---

[13] Grundlage dieses Textes ist ein Vortrag, den die Autorin am 28.5.2005 auf dem Kirchentag in Hannover in der Werkstatt Gemeinde gehalten hat.

Glaube unserer Väter und Mütter, den wir erlernen, in den wir hineinwachsen. Das andere sei der Glaube, der durch eigenes Fragen und Forschen entstehe. Unerschütterlich werde der Glaube, wo beides zusammenkomme. Das leuchtet mir auch für den christlichen Glauben sehr ein. Ein Kind muss einen Glauben erst kennen lernen, um eines Tages beim eigenen Forschen und Fragen zu entdecken, ob es diesen auch als eigenen Glauben annehmen kann. Ich halte deshalb das Ritual der Kleinkindertaufe und der späteren Konfirmation im Alter der Religionsmündigkeit bzw. der Erstkommunion und Firmung für sehr angemessen. Die Kleinkindertaufe zeigt, dass Gottes Liebe uns zugesagt ist, bevor wir irgendetwas leisten können. Stellvertretend für uns geben unsere Eltern die Glaubenszusage und versprechen, die Kinder im christlichen Glauben zu erziehen. Eines Tages dann, wenn die Kinder in diesen Glauben hineingewachsen und junge Leute geworden sind, wenn sie gelernt haben, was das alles sein soll mit Taufe und Abendmahl und Auferstehung, dann sagen sie selbst Ja – oder manchmal eben auch Nein zu diesem Glauben; das müssen wir dann auch akzeptieren.

Deshalb will ich Eltern zuallererst ermutigen, christlich zu erziehen. Nun haben viele Angst davor und fragen sich, was das bedeutet. Ich denke, es meint dreierlei:

Das allererste ist das *Erzählen vom Glauben*. Das Wiedergeben dieser wunderbaren biblischen Geschichten. Es gibt Kinderbibeln, in denen diese Geschichten herrlich erzählt sind. Ich werde im letzten Abschnitt ausführlich darauf eingehen.

Das andere ist, das Beten zu lernen. Unser Gott ist ein Gott der Beziehung. Ich kann mich ganz persönlich mit Gott einlassen, Gott meint mich. Wie wichtig ist es, dass Kinder dieses Beten lernen!

Wenn Kinder beten lernen, erfahren sie: Ich bin nicht allein auf dieser Welt. Und selbst, wenn es Streit mit Eltern gibt, wenn es Angst gibt, wenn ich mich anderen nicht mitteilen kann, dann ist Gott da, der zuhört. Gott geht es tatsächlich um mich. Wie wichtig ist es für Kinder, diesen Ansprechpartner zu haben! Wissen wir eigentlich, wie viele Ängste und Sorgen Kinder haben? Kindheit ist kein großer Spaß – Erich Kästner hat das einmal sehr schön formuliert: „Wie kann ein erwachsener Mensch seine Jugend so vollkommen vergessen, dass er eines Tages überhaupt nicht mehr weiß, wie traurig und unglücklich Kinder zuweilen sein können? (Ich bitte euch bei dieser Gelegenheit von ganzem Herzen: Vergesst eure Kindheit nie!) – Es ist nämlich gleichgültig, ob man wegen einer zerbrochenen Puppe weint oder weil man, später einmal, einen Freund verliert. Es kommt im Leben nie darauf an, worüber man traurig ist, sondern nur darauf, wie sehr man trauert. Kindertränen sind, bei Gott, nicht kleiner und wiegen oft genug schwerer als Tränen der Großen."[14]

Neben den Geschichten des Glaubens und dem Beten sind es für mich zum Dritten vor allen Dingen die *Rituale*, die Kinder lernen sollten. Und wie lieben sie diese Rituale! Natürlich denken alle als erstes an Weihnachten. Sterne überall in Erinnerung an den Stern, der über Bethlehem aufging. Krippen, die wir aufstellen. Kerzen, die wir anzünden in Erinnerung an Jesus Christus als das Licht der Welt. Aber es gibt viele andere Rituale. Ich denke an das Osterwasser, das schweigend geholt wird in dieser Angst des Schweigens am Ostermorgen. Und dann das Osterlachen, die Freude: „Er ist auferstanden!" Oder auch das Osterfeuer. Ich erinnere mich an eine Kinderakademie, die wir in Hofgeismar durchgeführt haben. Am Samstagabend haben wir ein großes Osterfeuer gemacht. Dieses Feuer haben wir in die kleine Akademiekapelle getragen und dort eine Kerze angezündet. Ab dann wurde geschwiegen, und die Kinder haben in der Nacht diese Kerze bewacht. Am Ostermorgen haben sie in einer feierlichen Prozession die Kerze in die Kirche getragen, und wir haben beobachtet, wie langsam alles hell wurde. Herrliche Rituale, die Kinder nicht vergessen.

---

[14] Erich Kästner, Das fliegende Klassenzimmer, Hamburg [155]1999, S. 9.

Als ich mit meinen Schwestern einmal zusammensaß und wir erzählt haben, wie wir Weihnachten feiern, haben wir festgestellt, dass wir es eigentlich alle drei mit unseren Familien gleich feiern. Das heißt, die Rituale unserer Kindheit hatten sich tief eingeprägt. Wie arm ist für viele Kinder die Welt der Rituale geworden. Wie wenig lernen sie Warten, wenn es die Nikoläuse schon im September gibt. Nein, ich will jetzt nicht anfangen mit einer pädagogischen Abhandlung über „Advent ist im Dezember". Aber Warten-Können, Vorfreude, miteinander basteln und vorbereiten, Geheimnisse haben – all das erlernen wir über Rituale. Das Christentum bietet wunderbare Rituale, und es ist traurig, wie wenige Kinder sie heute lernen. Christliche Erziehung ist eine Erziehung, die erzählt vom Glauben, die das Beten lehrt und Rituale einprägt.

Wie wichtig das ist, wurde mir kürzlich bei einem Besuch einer Kindertagesstätte in Cuxhaven deutlich. Über 60 Kinder aus 15 Nationen! Und da ist nicht viel mit großer Pädagogik oder Bildung in der Kindertagesstätte zu erreichen. Zuallererst mussten die Kinder lernen, sich zusammen an einen Tisch zu setzen, zu warten. Ein gemeinsames Gebet zu sprechen. Die Suppe auszuteilen und dann zu beginnen, gemeinsam zu essen, wenn alle etwas auf dem Teller haben. Rituale lernen heißt auch, Gemeinschaft lernen. Und das brauchen wir dringend in einer Zeit, in der das soziale und emotionale Lernen für viele so auf der Strecke bleibt. Bildung meint auch Herzensbildung und religiöse Bildung. Kommunikative Kompetenz meint mehr, als einen Computer bedienen zu können.

Fassen wir diesen Punkt zusammen:

Für die Sprachfähigkeit im Glauben ist die christliche Erziehung in der Familie, aber auch in Gemeinde und Kindertagesstätte von elementarer Bedeutung.

Was glaube ich?

Was glaube eigentlich ich? Oft habe ich den Eindruck, Menschen in unserer Welt laufen vor dieser Frage geradezu davon. In der

Bibel ist immer wieder die Rede vom „Gott deines Vaters Abraham" oder „Gott deines Vaters Isaak". Da wussten die Menschen, welcher Gott gemeint war. Wenn heute jemand vom „Gott deines Vaters Michael" oder dem „Gott deiner Mutter Marita" spricht: Wissen die Kinder, welcher Gott da in Frage steht?

Wie sag ich's meinem Kind? Diese Frage kann ich nur beantworten, wenn ich selbst mir Zeit für den Glauben nehme. Zeit für mich. Zeit für das Gespräch mit Gott, Zeit für die Stille, Zeit auch für die Gemeinschaft in der Kirche. Heute meinen viele, es gebe Glauben *light*. So ein bisschen glauben, so ein bisschen Christentum mitnehmen en passant, weil es halt dazugehört. Glauben aber ist eine Sache, die mein ganzes Leben prägt. Fromm-Sein ist eine Lebenshaltung.

Viele sind unsicher, was ihren Glauben betrifft. War das die historisch-kritische Methode, die da ihre Spuren hinterlassen hat? Oder ist es nicht auch gut, die Evangelien zu vergleichen, zu verstehen, warum das Jesajabuch verschiedene Teile hat? Sicher gibt es auch für Erwachsene zwei Zugänge. Das eine ist das Gespräch untereinander, ganz unbefangen. Die Bauern von Solentiname, deren Gespräche Ernesto Cardenal in Nicaragua in den 1970er-Jahren aufgezeichnet hat, sind bis heute ein bewegendes Vorbild für mich. Ohne große Vorbildung haben sie für sich entdeckt, welche tiefe Lebens- und Gotteserkenntnis in den Texten zu finden ist. Warum können wir das nicht etwa zu Beginn einer Kirchenvorstandssitzung erproben, ganz spontan über einen Text miteinander sprechen? Zum anderen kann es auch eine großartige Entdeckung sein, wenn wir uns kundig machen, Texte vergleichen. Ich habe da immer viel Spannendes gelernt und entdecke in der Bibel immer wieder Neues.

Miteinander reden, das ist die Sprachschule des Glaubens. Denken wir an den Tsunami Weihnachten 2004. Oft waren es gerade die Kirchenfernen, die fragten: Wie kann Gott das zulassen. Aber auch an den Kirchennahen nagt doch dieser Zweifel: Warum? Was hat es mit dem Leiden auf sich? Wie schon in der Bibel selbst, sind es auch in solchen Fragen Geschichten, die uns weiterführen. Das Judentum wie das Christentum sind von Anfang an Erzählreligionen. Über Geschichten vertiefen wir unser theologisches Verstehen. Mir ist eine Geschichte besonders wichtig, die Eli Wiesel aus Auschwitz erzählt hat. Er schreibt über die Erfahrung, beobachtet zu haben, wie drei Menschen im Konzentrationslager erhängt wurden: „Die drei Verurteilten stiegen zusammen auf ihre Stühle. Drei Hälse wurden zur gleichen Zeit in die Schlinge eingeführt. ‚Es lebe die Freiheit!', riefen die beiden Erwachsenen. Das Kind schwieg. ‚Wo ist Gott, wo ist er?', fragte jemand hinter mir. Absolutes Schweigen herrschte im ganzen Lager ... Dann begann der Vorbeimarsch. ... Aber der dritte Strick hing nicht reglos. Der leichte Knabe lebte noch. Mehr als eine halbe Stunde hing er so und kämpfte vor unsern Augen zwischen Leben und Sterben seinen Todeskampf. Hinter mir hörte ich einen Mann fragen: ‚Wo ist Gott?' Und ich hörte eine Stimme in mir antworten: ‚Wo er ist? Dort – dort hängt er, am Galgen.'"[15]

Solche Geschichten helfen verstehen. Sie sind Annäherungen an Gottes Wirklichkeit. Die werden wir nie ganz fassen, besitzen, begreifen. Immer wird etwas verborgen bleiben. Aber wir können uns annähern, wenn wir erzählen, wie Jesus es tut. Die Geschichte des Glaubens, der Erfahrungen mit Gott weitererzählen.

Eine einfache Sprache sollte es sein. Und doch eine bewusste. Gerade durch die Hermeneutik, durch die Wissenschaft von der Sprache, das Durchdringen der Texte, sind wir als Christinnen und Christen besonders sensibel für Sprache. Da gilt es, Wachsamkeit zu praktizieren gegenüber schleichender sprachlicher Verwirrung des Geistes.

Wir brauchen klare Glaubensüberzeugungen und eine einfache und wachsame Sprache unseres Glaubens. Es wird darauf ankommen, in der individualisierten Gesellschaft zu sagen, was ich glaube, was mich überzeugt, was mich trägt. Die Ressourcen der Bibel, der persönliche Glaube, das wird heute

---

[15] Eli Wiesel, Die Nacht, Freiburg 1996, S. 95.

überzeugen. Dietrich Bonhoeffer schreibt in seinen Briefen aus dem Gefängnis der Nazis: „Es ist nicht unsere Sache, den Tag vorauszusagen ..., an dem wieder Menschen berufen werden, das Wort Gottes so auszusprechen, dass sich die Welt darunter verändert und erneuert. Es wird eine neue Sprache sein, vielleicht ganz unreligiös, aber befreiend und erlösend wie die Sprache Jesu. ... die Sprache einer neuen Gerechtigkeit und Wahrheit, die Sprache, die den Frieden Gottes mit den Menschen und das Nahen seines Reiches verkündigt."[16]

Fassen wir zusammen:

Wer Glauben weitergeben will, muss allein und mit anderen zusammen den eigenen Glauben reflektieren. Wer sensibel ist für die Sprache des Glaubens, ist sensibel für Sprachverwirrung und -verführung der Welt.

Erzähl mir vom Glauben

In der Evangelisch-Lutherischen Landeskirche Hannover gibt es die Arbeitsgemeinschaft Kirchenpädagogik, die inzwischen eine bundesweite und auch ökumenische Initiative ist. Ich bin ganz begeistert, wie sehr diese Bewegung gewachsen ist. Da kommen Kinder in ein Gotteshaus und staunen und sehen. Eine schöne Geschichte habe ich einmal erlebt: Eine Großmutter kam mit ihrer Enkeltochter in die Kirche. Sie gingen leise herum, die Großmutter sprach wohl über den Raum, das Altarbild, die Gebetsnische, die Kanzel. Das Mädchen staunte ehrfürchtig im besten Sinne des Wortes. Als sie hinausgingen, standen der Pastor und der Küster laut diskutierend im Gang. Das Mädchen drehte sich um und machte: „PSCHT!!!". Sie hatte die Würde des Raumes wahrgenommen ... Das heißt, Kinder spüren etwas von dem Geist, der in einem Gotteshaus weht.

Und sie lieben die biblischen Geschichten. Ja, da ist die Geschichte zuallererst von Josef, vom Vater besonders verwöhnt,

---

[16] Dietrich Bonhoeffer, Widerstand und Ergebung, hg. v. C. Gremmels u.a., Gütersloh 1988, S. 436.

von den anderen deshalb nicht gemocht, verkauft nach Ägypten! Und dieser kleine Josef, er besteht in der Fremde, weil er sich geliebt weiß von Gott, seinem Vater im Himmel, und von seinem Vater Jakob. Und in einer so zerstrittenen Familie, in der so viel Unglückliches geschehen ist, ist Versöhnung möglich. Was für eine wunderbare Geschichte für Kinder! Oder denken wir an die Kindersegnung. An einem der letzten Weltkindertage waren fast 500 Kinder in der großen Marktkirche in Hannover zusammen. Und wir haben darüber gesprochen, wie Jesus gesagt hat: „Lasset die Kinder zu mir kommen". Das war ganz gegen die Normalität gelebt. Er hat sie zu sich gelassen, er hat sie ernst genommen! Unsere Kirchenräume sollen zeigen, wie offen sie sind für Kinder – oder stören sie etwa?

Ich selber erinnere mich daran, dass meine Großmutter wunderbar erzählen konnte. Außerdem hatte sie für jede Lebenslage einen Bibelspruch parat. Wir Kinder, Geschwister, Cousinen und Cousins haben oft die Augen verdreht. Bei Streit beispielsweise hieß es dann: „Lass die Sonne nicht über deinem Zorn untergehen!" – Epheserbrief. Oder: „Seid fleißig zu halten die Einigkeit des Geistes durch das Band des Friedens!" – Komisch kam uns das damals vor, aber nun: sie war halt unsere Großmutter und respektiert. Als eines Tages ein heftiger Streit zwischen meinen Kindern tobte und ich gesagt habe: „Lass die Sonne nicht über deinem Zorn untergehen!", musste ich hinterher lachen – die Erziehung hatte gewirkt.

Ich denke, die Glaubenserzählungen bieten den Kindern auch Sicherheit. Sie wissen sehr wohl und ahnen, was es heißt, in einer solchen Erzähltradition zu leben. Von Generation zu Generation werden diese Geschichten weitergegeben. Die sind nicht mal eben im Fernsehen neu erfunden. Nein, das sind Geschichten, die Menschen seit Jahrhunderten kennen, die wir von unseren Eltern, Großeltern und den Generationen vor uns ererbt haben und die wir weitergeben. Judentum und Christentum sind Erzählreligionen. Wie sag ich's meinem Kinde? Zuallererst erzähle ich meinem Kind weiter, was ich gehört und gelesen habe.

Und wir können Kindern Worte mitgeben, wenn sie in Angst und Gefahr sind: „Vater unser im Himmel ...", „Der Herr ist mein Hirte ...". Wir sollten auch nicht ignorieren, dass Tod und Sterben elementare Themen sind, auch für Kinder. Ich habe beispielsweise immer dazu ermutigt, Kinder zu Beerdigungen mitzunehmen. Das Ritual der Bestattung kann hilfreich sein. Kinder wissen dann, was geschieht und sind nicht ihren heimlichen Ängsten ausgeliefert. Das kann schwer sein, ja. Aber auch leicht. Bei der Beerdigung von Klaus von Bismarck im Mai 1998 haben wir auf dem Weg von der Kirche zum Grab – auf seinen Wunsch! – alle 16 Strophen von „Geh aus mein Herz und suche Freud" gesungen. Seine Enkel gingen interessiert um das Grab. Es war ein würdiger, aber auch hoffnungsfroher, sagen wir: auferstehungsgewisser Abschied.

Das Fazit:

Den Glauben weitergeben heißt vor allem, mich in die Erzähltradition des Glaubens stellen, von Generation zu Generation.

Können wir von Kindern lernen?

In einer chassidischen Erzählung, die sich auf Amos 5, Vers 4 bezieht – „Suchet mich auf und lebet!" –, heißt es: „Der Enkel Rabbi Baruchs, des Enkels des Baalschem, spielte einst mit einem anderen Knaben Verstecken. Er verbarg sich lange Zeit und meinte, sein Gefährte suche ihn und könne ihn nicht finden. Aber als er lange gewartet hatte, kam er heraus und sah den anderen nicht mehr und merkte, dass er ihn von Anfang an nicht gesucht hatte. Alsdann lief er in die Stube seines Großvaters mit Weinen und Klagen über den Bösen. Da flossen die Augen Rabbi Baruchs über und er sagte: „So spricht Gott auch. Ich verberge mich, und keiner will mich suchen."

Lernt Rabbi Baruch hier von einem Kind? Oder wird ein Kind für ihn zum Symbol, zum Zeichen Gottes? Was denken wir über Kinder? Süß sind sie. „Ach, wie niedlich", wird oft gedacht. Oder: „Ach, wie nervig!", wenn sie quengeln, nicht schlafen wollen. Aber so ganz ernst nehmen wir sie wohl nicht. Gerade heute haben wir oft das Gefühl, Kinder sind kleine Erwachsene, müssen möglichst schnell geformt werden, um erwachsen zu sein. Wenn eine Zwölfjährige noch mit Puppen spielt, ist das komisch. Bei der Miniplaybackshow sehen wir durchgestylte Achtjährige, die in sexy Posen so tun, als ob sie Radiohits schmettern würden. Kinder werden versorgt, geliebt, erzogen, aber als Kinder, als Subjekte, selten ernst genommen. All unsere „Nach-PISA-Debatten" drehen sich um Kinder als Objekt. Auch in den Kindertagesstätten soll jetzt Frühförderung im Mittelpunkt stehen!

Doch, ich denke, wir können von Kindern lernen. Kinder haben Grundvertrauen. Wenn du einem Kind etwas schenkst, freut es sich einfach. Es fragt nicht gleich: Warum? Will sie etwas dafür zurückhaben? Ist da Berechnung im Spiel? Nein, es freut sich ganz schlicht und ergreifend im wahrsten Sinne des Wortes. Selbst das Bedanken vergessen sie meistens in der Begeisterung und reagieren unwillig, wenn die Eltern sagen: „Was sagt man?"

Von solcher Lebensfreude redet Jesus, wenn er Kinder als Vorbilder sieht. Solche Lebensfreude verliert ein Land ohne Kinder. Kinder sind doch nicht ein demographischer Faktor, sondern ein Zeichen von Lebenslust und Kreativität. Ich jedenfalls habe meine vier Kinder nicht bekommen, weil ich an die Rente gedacht habe. Unser Glaube hat ganz viel mit Vertrauen zu tun. Vertraue ich mich, mein Leben, ja auch meine Kinder Gott an? Erwachsene denken viel darüber nach. Muss ich da nicht aufpassen, kontrollieren? Was, wenn es nicht klappt, wenn Gott gerade Pause hat? Was, wenn alles nicht stimmt? Erwachsene fragen manchmal viel zu viel; Kinder vertrauen.

Das ist eine wunderbare Gabe. Ja, Vertrauen wie die Liebe machen auch verletzlich! Aber wir Erwachsenen brauchen solches Vertrauen gerade heute, gerade auch, weil eben nicht alle Krankheit heilbar ist und der Tod eine Realität. Vor einiger Zeit ist unser bester Freund gestorben, der Patenonkel unserer jüngsten Tochter. 16 Jahre lang haben wir Sylvester miteinander gefeiert, sind fast jeden Sommer gemeinsam mit unseren Familien in Urlaub gefahren. Und dann die Diagnose: Krebs, Metastasen. Unheilbar. Nicht operabel. Wir haben einige sehr existentielle Gespräche miteinander geführt. Und er, der Betriebswirt, der Mann aus der Wirtschaft, konnte sagen: Ich vertraue mich jetzt einfach an, Gott wird mich schon halten. Er ist zu Hause gestorben, seine Frau und seine Töchter waren dabei. Er hat schlicht ausgeatmet, und meine Freundin sagte: Da war ein Moment der Gnade spürbar.

So vertrauen zu können, das ist für Menschen in der technischen Welt des 21. Jahrhunderts schwer. Gerade die Perfekten, die ganz Gesunden, die immer nach Schönsein, Schlanksein, Geldverdienen streben, können sich schwer fallen lassen. Können kaum mal die Kontrolle abgeben, loslassen. Und das ist doch genau das, worum es beim Glauben geht.

Kinder können uns etwas lehren vom Zulassen, vom Anvertrauen, auch von Verletzlichkeit und davon, wie leicht unser Leben zu erschüttern ist. Vielleicht hat Jesus genau das gemeint, als er gesagt hat: „Solchen gehört das Reich Gottes". Kinder als Vorbild ... oder wie sagte Luther: Was „aus der Taufe gekrochen" ist, kann Priester sein, kann also auch andere im Glauben lehren und Gott die Ehre geben. Auch die Kinder und die Blinden und die Lahmen und die Ungebildeten.

Wenn die BILD-Zeitung nach der Wahl von Josef Ratzinger titelte: „Wir sind Papst", dann war das ein gut lutherisches Verständnis von Christsein. Jeder von uns und jede ist Stellvertreter und Stellvertreterin Gottes auf Erden. Wir alle müssen unseren Glauben immer wieder neu finden, neu wahrnehmen. Erst im Gespräch wird Glaube Glaube, erst im Erzählen, im Heute und Jetzt.

Auch wir haben unsere Theologie, unseren Glauben nicht ein für alle Mal. Wir müssen uns immer wieder einlassen, Neues finden, Neues entdecken. Das ist das Wunderbare am christlichen Glauben, er ist ja nicht statisch, wie Gott selbst nicht statisch ist. Es ist nicht so, dass wir den Glauben erlernen und dann ein für alle Mal haben, sondern er erneuert sich, er verändert sich im Laufe eines Lebens, im Dialog mit anderen, in der Gemeinschaft.

Fassen wir zusammen:

Wir können von Kindern lernen. Auch im Glauben. Und vor allem: Vertrauen.

Sich den Fragen stellen

Wir haben uns den Fragen der Kinder zu stellen. Warum gibt es Krieg? Warum gibt es Kindersoldaten? Wie kann Gott zulassen, dass der Tsunami Zehntausende von Menschen tötet? Warum ist das Leben so ungerecht? Warum können wir uns keine Miss Sixty Hose leisten? Warum ist Papa weggegangen? „Frag nicht so viel", ist darauf keine Antwort! Wir müssen uns auseinandersetzen mit den Kindern. Wir können immer nur versuchen, aus unserem Glauben heraus Antworten zu geben. Gott kennt Leiden. Gott ist ein Gott, der mitgeht, selbst wenn wir es nicht spüren. Gott hält uns und trägt uns, das haben Generationen vor uns erfahren. Ja, ich verstehe Gott auch nicht. Doch da versuche ich mich zu engagieren, da wollen wir mithelfen, mit anderen in Kontakt kommen. Da wollen wir beispielsweise weltweit wichteln und uns austauschen mit den Kindern in unserer Partnergemeinde in Äthiopien. Nein, ich kann auch nicht verstehen, dass Menschen Waffen produzieren und damit auch noch Geld verdienen. Ja, das ist wirklich ganz und gar, absolut böse. Doch, ja, ich glaube, dass Gott auch nach unserem Tod da sein wird, dass Gott uns erkennt und dass wir einander wiederfinden werden, wir, die wir uns geliebt haben hier im Leben. Und wir müssen auch sagen: Ich habe nicht alle Antworten, ich weiß es nicht, aber ich vertraue.

Wenn unsere Kinder uns fragen, dann sollten wir offen sein, ringen um Antworten. Natürlich müssen diese sich nach dem Alter der Kinder richten. Es gibt auch keine rigiden Antworten, die sagen: So sind die Gebote, wenn du die hältst, ist es gut, nimm das unhinterfragt hin. Das entspricht nicht einem Glauben mit Kopf und Herz, den wir uns doch auch aneignen, in den wir sozusagen hineinleben. Wir müssen unsere Ethik immer wieder hinterfragen. Wie ist es mit Freiheit und Verantwortung? Ich denke, die Gebote und Weisungen Gottes sind wie Geländer, an denen wir Halt finden im Leben. Wir wissen aus der Bibel her, dass der Mensch seit Kain und Abel zur Gewalt neigt, dass er verführbar ist seit Adam und Eva und etwas größenwahnsinnig seit dem Turmbau zu Babel. Wir wissen, dass Menschen versagen wie Petrus, der Jesus drei Mal verleugnete, und wie Paulus, der erst ein Christenverfolger war. Immer wieder übertreten wir die Gebote. Und doch liebt Gott uns Menschen mit all unserem Versagen und unserem Scheitern. Das ist das große Angebot des Lebens, auf das ich vertraue. Und vielleicht müssen wir es manches Mal auch so schlicht sagen: Du sollst Gott über alle Dinge lieben und deinen Nächsten wie dich selbst ...

Bei alledem ist mir wichtig, dass wir unseren Kindern Mut zur Auseinandersetzung und zum Fragen machen. Nein, es gibt keine einfachen Antworten, nicht aus Wittenberg und auch nicht aus Rom. Ich kann sagen: Ja, Sexualität wird in der Ehe gelebt im tiefen Vertrauen zweier Menschen. Aber ich weiß, dass es auch Sexualität außerhalb der Ehe gibt, und dafür muss ich meinen Kindern ein Geländer geben. Etwa die Menschenwürde: Mach den anderen nicht zur Ware, zum Objekt, sondern sieh den anderen immer als Ebenbild Gottes, der genauso viel wert ist wie du.

Oder: Sieh den behinderten Menschen nicht verächtlich an! Und auch nicht den, der noch nicht mal den Hauptschulabschluss geschafft hat. Gottes Maßstäbe sind andere, vor Gott ist er genauso viel wert wie du, der du so viel leisten kannst, die du so schön und attraktiv bist. Lust am Leben, Ehrfurcht vor Gott, Dankbarkeit und eine gewisse Demut – das sind Grundhaltungen, die unsere Kinder in der Kindheit lernen und aus denen heraus sie Kraft und Mut zum Leben und auch zur Solidarität mit anderen lernen. Wenn wir unsere Kinder so erziehen, wenn wir selbst wissen, was wir glauben, wenn wir unserem Kind –

ob klein oder groß – so von Gott erzählen und unser eigenes Gottvertrauen leben, dann müssen wir uns um die Zukunft unseres Landes keine Sorgen machen. Und um die Zukunft unserer Kirche ohnehin nicht.

Fassen wir zusammen:

Gottes Gebote sind Leitfaden, Geländer für unser Leben. Wir werden sie nie perfekt befolgen, aber sie sind und bleiben Regeln für ein gutes Leben miteinander und mit Gott.

Literaturhinweise

Das große Bibel-Bilderbuch von Kees de Kort, Stuttgart 1994
Herders Kinderbibel. Text: Ursel Scheffler, Illustrationen: Betina Gotzen-Beek, Freiburg 2001
Die Bibel erzählt und illustriert für Kinder. Text: Erich Jooß, Illustrationen: Ute Thönissen. Freiburg 2006
Daniela Tausch/Lis Bickel, Wenn Kinder nach dem Sterben fragen, Freiburg [10]2008

Hinweise zu den Liedern:
Kein Tierlein ist auf Erden dir, lieber Gott, zu klein: EG 509
Kind, du bist uns anvertraut: EG 212
Mein treuer Gott (Ich bin getauft auf deinen Namen): EG 200, 4
Sünd' und Hölle mag sich grämen (Kommt und lasst und Christus ehren): EG 39, 2 und 5
Vertrauen wagen dürfen wir getrost: Text u. Musik: Fritz Baltruweit; aus: Gemeindelieder – Partituren, 1982, alle Rechte im tvd-Verlag Düsseldorf
Vertraut den neuen Wegen: EG 395, Rechte beim Autor
Weißt du, wie viel Sternlein: EG 511
Wenn einer sagt …: Kindermutmachlied, Text & Melodie: Andreas Ebert, © 1979 Hänssler-Verlag, D-71087 Holzgerlingen

Wir danken allen Rechteinhabern, die für diesen Band Abdruckgenehmigungen erteilt haben. Wenn Rechteinhaber nicht ausfindig gemacht werden konnten, bleiben Honoraransprüche bestehen.

Margot Käßmann:
Ihr persönlichstes Buch

Margot Käßmann legt ein Buch vor, das so lebendig ist wie jede wahre Geschichte und das hilft, den eigenen Standort klarer zu sehen. In zehn Kapiteln geht die Autorin den Themen nach, die sich mitten im Leben stellen: Jugendlichkeit und Alter, Freundschaft und Alleinsein, Schönheit und Scheitern, Krankheit und Glück, Grenzen und Kraftquellen, Routine und Veränderung.

Margot Käßmann
In der Mitte des Lebens
160 Seiten | Gebunden
mit Schutzumschlag
ISBN 978-3-451-30201-5

In jeder Buchhandlung oder unter www.herder.de

HERDER
Lesen ist Leben

Sich einmischen, mitgestalten, mitreden…

Das Leben ist eine Achterbahn von Wunsch und Wirklichkeit. Mehr als fromme Wünsche hat Margot Käßmann. Für die Welt, das Leben und für uns. Was das Leben bewegt, worüber wir nachdenken sollten, was trägt und was wirklich wichtig ist.

Margot Käßmann
Mehr als fromme Wünsche
144 Seiten | Paperback
ISBN 978-3-451-05852-3

In jeder Buchhandlung oder unter www.herder.de

HERDER
Lesen ist Leben